EL LIBRE COMERCIO DESTRUYE LA INDUSTRIA Y EL TRABAJO

Jorge Luis Meléndez Cárdenas

PROLOGO

Veinticinco años después de haber escrito estos artículos, en el semanario "Cañabrava" de la República Dominicana, en casi dos años, analizando y evaluando las imposiciones de los organismos internacionales, y gobiernos mandantes, en el país, prestos a imponer la agenda globalista del libre comercio y la especulación, y en el caso de las Américas, con lo que impuso George Busch a través de la llamada "Iniciativa de las Américas", para alcanzar esos mismos objetivos. Es como una crónica que describe, los hechos más saltantes en materia de economía política de ese periodo.

Esta combinación de factores empujó a todo un ejército de burócratas de diferentes organismos internacionales, de gobiernos, como el caso de Estados Unidos y Reino Unido entre otros, aliados con sectores locales, para imponer esta agenda.

A la luz de los resultados, ahora en el 2021, no demuestran otra cosa, que la certeza de las aseveraciones que hicimos en ese periodo (1995-96).

El primer gobierno del Partido de la Liberación Dominicana(PLD), fue el que rompió las reglas de defensa de la soberanía nacional, y se prestó a dar paso abiertamente a estas policitas neoliberales, que se imponían en todo el continente.

El presidente Balaguer, fue el último baluarte de la defensa del estado nacional soberano, y él lo sabía, basta ver sus declaraciones en ese tiempo, pero, no supo en que trampa se metió cuando dio su apoyo al candidato del PLD, de ese entonces, el hoy, ex Presidente Leonel Fernández.

Que llegó expedito a adoptar la agenda globalista. Hay que destacar, el papel de un grupo de ciudadanos como el Dr. Ramón Emilio Concepción, el Dr. Pedro Manuel Casals Victoria, el Arquitecto Leopoldo Espaillat Nanita, el Lic. Giuseppe Rimoli, el viejo dirigente sindical José Pichardo, el Dr. Julio Hazim y otros patriotas dominicanos, enfrentaron el proceso de privatización, que en casi todas las naciones había sido con la entrega del 100% del valor de las empresas, logrando torcerle el brazo al gobierno que se transó solo entregando el 50% de esos valores totales de dichas empresas. Este reconocimiento histórico lo hago por haber sido testigo y activo participante de este proceso de lucha.

Después de 25 años, las dos "joyas de la corona" del estado dominicano, el llamado CEA (Consejo Estatal del azúcar), a pesar de haberse entregado varias veces, nunca funcionó. Y el caso de la CDE, a pesar de subdividirse en varias empresas, desde la generación, trasmisión, comercialización y otras, nunca pudo generar energía sin interrupciones, hasta el día de hoy, y menos, abaratar las tarifas; más bien, llevaron a cobrar exorbitantes tarifas al pueblo dominicano y luego se convirtieron en fuentes de corrupción hasta el día de hoy, en la que están implicados, muchos de los que defendieron que se privatizaran esos bienes al cien por ciento.

Estos artículos reflejan el apoyo conceptual de una persona clave, me refiero al papel del ya fallecido Lyndon H. LaRouche y su movimiento que ofrecía al mundo una alternativa programática, y específicamente en el país, que sigue vigente hasta el día de hoy. Una Glass Steagell global, que regula la usura financiera del capital especulativo, un banco nacional para otorgar créditos a las empresas productivas nacionales a bajas tasas de interés, el desarrollo de la infraestructura y el desarrollo de la ciencia y la tecnología de más alto nivel para mejorar la calidad de vida de la población. Esto enfrenta al "reseteo verde" que será terriblemente perjudicial para la humanidad como un todo.

Los invito pues a leer este material y sacar sus propias conclusiones sobre las evaluaciones y advertencias señaladas, que en ese momento se debatían.

El autor

MEXICO: EL TRATADO DE LIBRE COMERCIO Y SU LLEGADA AL "PRIMER MUNDO" (*)

(*) martes 31 de enero de 1995- Semanario "Cañabrava" SD. RD

El día 20 de diciembre, el peso mexicano fue devaluado entre un trece y quince por ciento, claro, la razón, tal como la prensa internacional ha informado, es que el Ejercito Zapatista está rompiendo la tregua y se moviliza para iniciar los enfrentamientos. Y es que es muy difícil reconocer, que el modelo de libre comercio es un FRACASO y qué mejor que aprovechar esta conspiración externa llamada EZLN (Ejército Zapatista de Liberación Nacional), para demostrar que sí es verdad que México va rumbo al primer mundo a través de sus reformas económicas, que se iniciaron con De la Madrid y se consolidaron con Salinas de Gortari, pero que el reclamo indigenista lo ha impedido.

Ha llegado el momento de coger "el toro por las astas" y explicar por qué el modelo de libre comercio también es un fracaso en México. Una de las cosas interesantes, y que está siendo motivo de queja en círculos externos a México, es que anteriormente a cualquier medida de tipo económico-financiero, el gobierno de Salinas de Gortari, primero comunicaba a los "inversionistas" extranjeros, luego tomaba las medidas que en la generalidad de los casos afectaba a los inversionistas mexicanos y los extranjeros podía tomar sus previsiones; todo esto, claro en nombre del librecomercio, pero ahora no se les avisó, es decir, el gobierno de Ernesto Zedillo rompió la tradición, no se sabe si fue por explicita decisión de él o de algún importante sector dentro de su gobierno, que se da cuenta de la economía mexicana. Esta decisión demuestra un cambio fase de la economía mexicana, la que no ha anunciado con bombos y platillos que había logrado interesar a los inversionistas extranjeros, de tal manera, que casi había llegado a 60 mil millones de dólares; pero el problema se volvió mayúsculo, cuando se conoce que el 80 por ciento de estos inversionistas, son básicamente capitales especulativos, o denominados comúnmente como "capitales golondrinos", y que muchas de sus operaciones son negociando con CETES, comprando hipotecas en el mercado secundario o negociación de deuda, su nivel de ganancia per cápita es el 0.25 o 0.5 del uno por ciento y en ese aspecto si tiene hondas repercusiones dentro de las relaciones financieras internacionales y que no es de extrañar que estas señales sean, al igual que lo que está aconteciendo con el condado de Orange, en California; en la continua intervención en el sistema financiero venezolano por parte del Presidente Caldera, como una manera de salvaguardar el país, ante el daño que ocasionaron las políticas librecambistas del corrupto presidente Carlos Andrés Pérez, hoy preso domiciliario.

Estas señales, bastante claras de una situación crítica del sistema financiero internacional, tal vez no sea el terremoto principal de lo que Lyndon H LaRouche ha estado definiendo en su noveno pronostico, pero sí es evidente que hay cada vez más signos visibles que la economía está al borde de un colapso generalizado.

Agréguese a esto, la decisión del gobierno ruso de rechazar el plan del FMI para su "supuesta" recuperación, como era tratar de exportar la cantidad más amplia posible de petróleo, a lo cual los rusos decidieron dedicar el 65 por ciento de su producción para resolver sus problemas internos. Esta situación de rechazo a las políticas del FMI, han hecho que Lewin Preston, director del FMI, comunique al canciller ruso sobre la imposibilidad que pueda presentarse, de autorizarse el desembolso de los 6,000 millones de dólares que debería entregar para el nuevo plan financiero. Ya se escuchan muchas voces importantes en Rusia como las del científico Povich Kuzmedzov, que en la revista "Rusia 2010" fustiga al FMI, dice que llega al límite de estupidez, cuando pretende que va a recuperar la economía con sus ajustes, acusa a este organismo de ser una guarida de ladrones.

No cabe duda que el FMI está retando a una potencia (no la pueden obligar a someterse) que puede estar pasando por una situación difícil, pero que sigue siendo una potencia y no la pueden obligar a someter a su población al genocidio, tan fácilmente como lo están haciendo con el tercer mundo. Es el momento de pensar rápidamente en verdaderas alternativas económicas, antes que sea demasiado tarde.

DISCURSO DEL JEFE BID-REPUBLICA DOMINICANA. EL INOPORTUNO DISCURSO DEL REPRESENTANTE DEL NUEVO ORDEN MUNDIAL. (*)

(*) viernes 30 de junio de 1995, Cañabrava. SD, RD

Mientras Michel Camdessus, Director general del Fondo Monetario Internacional, en una conferencia del "Consejo de las Américas" realizado en Washington decía que las naciones del tercer mundo debían ser sometidas a procesos de bancarrota en un tribunal de quiebras del FMI y reclamaba una mayor injerencia en la economía de las naciones; él destructor de las economías de Europa Oriental, Jeffrey Sachs, diseña y propone como debería funcionar el tribunal de quiebras de naciones, que están colapsándose con las políticas que el señor Da Silva, jefe del BID/RD insiste para nuestro país.

Cuando Jeffrey Sachs plantea que el FMI tendría derecho a confiscar la soberanía de un país y obligarlo a seguir medidas contrarias a sus intereses y lo hace en un simposio organizado por las Naciones Unidas, en la Universidad de Harvard y en Halifax parece hacerse realidad estas propuestas y si es preocupante para nuestras naciones y claro, aunque el señor Da Silva todavía va muy atrás con sus planteamientos, da la impresión que desconoce que la crisis mexicana ya ocurrió, pero, si puede forzar y exigir algunas consideraciones económicas para tener todo listo al momento de implantar esa nueva decisión.

Mientras México se colapsa como consecuencia del librecambio en su expresión más depurada, la especulación financiera, otras economías le siguen sus pasos con efectos internacionales como el caso de la quiebra de otros bancos importantes como el Warburg Bank y ahora el Hambros Pic, como consecuencia de la especulación de derivadas, que es la forma más explícita de destruir economías y que afecta precisamente al país que fue uno de los propulsores del librecambio a escala mundial cuando Margaret Thatcher fue su jefe de gobierno.

Cuando Estados Unidos comete el error estratégico de pelear con Japón, no solo por cuestiones comerciales sino también por cuestiones cambiarias en contra del yen y en que en promedio se ha revaluado en un 20% respecto al dólar, y que también afecta a otras monedas como el marco alemán y con el peligro de dañar todo su proceso económico de años en la región asiática, teniendo como ejemplo Japón si es preocupante porque el presidente Clinton a pesar de haber librado importantes peleas con el meollo de la oligarquía mundial dirigida por los británicos , ha persistido en su error de mantener las políticas económicas heredadas de George Bush, en momentos que todo el mundo espera un dramático golpe de timón para la esperanza a escala planetaria; sino la crisis será no solo indetenible en las presentes circunstancias tal como lo planteara Lyndon H LaRouche en la conferencia de Washington "Hay vida después de la muerte del FMI"

En esa perspectiva es que escuchamos y leímos un discurso desfasado, atrasado e inoperante del representante del BID en República Dominicana, propugnando por la privatización y a recomposición del estado.

Esta es la realidad actual, lamentablemente, a lo que nos han conducido esas reformas económicas en el librecambio, con su secuela de reformas políticas y de otra índole y que a través de organismos internacionales, entre ellos el BID, han conducido a nuestros gobiernos a verdaderos chantajes para la implementación de una serie de proyectos supuestamente prioritarios, pero para los fines de ésta política globalista; si se hiciera una auditoria, en términos de la economía física estoy casi convencido de que dejarían mucho que desear la mayoría de los proyectos implementados por el BID ya no sólo aquí sino en casi todos los países de Iberoamérica.

 Lo que más llama la atención de este discurso es en la insistencia tardía en las reformas estructurales, sostenidas en el antiquísimo librecomercio, que me hace pensar que los hechos van más de prisa que las elucubraciones teóricas de los miembros del nuevo orden mundial, que según puedo deducir hablan como si todo estaría marchando a las mil maravillas, cuando es totalmente lo contrario. Este discurso en una confrontación con la línea política del Presidente Balaguer que con mucha claridad habló en su discurso ante el Congreso de las razones por las cuales se oponía a la privatización y el caso de las reformas del estado. Es una confrontación sistemática con todos los organismos internacionales para debilitar el estado nacional.

Pero la mayor parte del discurso del señor Da Silva lo dedica al tema de la privatización, presentándola como la panacea del proceso de reformas. Ya en mi libro "En defensa del productor nacional" (no publicado), dedico un capitulo a explicar lo que significa la privatización, usado como mecanismo de saqueo, y desde el punto de vista de un construir de países es obvio que lo mejor que le puede ocurrir a un país es tener nuevas inversiones productivas; pero, no ser víctima del robo como lo es el proceso de privatización. No importa que tan sofisticado pretenda ser el lenguaje de la privatización, es ineficiente desde el punto de vista de la inversión. El BID debe de comprender que lo que necesitamos son grandes inversiones productivas con la más alta tecnología, principalmente de punta, pero eso significaría que, tendría que cambiar sus criterios de evaluación, que así si serían para el desarrollo.

República Dominicana, a pesar de todas las presiones, no ha privatizado ninguna de sus empresas fundamentales, tal vez pienso que pueda haber dos o tres que se puedan vender al mejor precio como la fábrica de baterías o la chocolatería, pero hay un sector de empresas que juegan un papel estratégico en dos sentidos, una por el tipo de producto o servicio que genera y dos por el equilibrio que presenta en relación a los grupos económicos, que algunos de ellos podrían monopolizar y cree que su empresa es el país.

En cuanto a los supuestos éxitos de la privatización, la parte incipiente como el señor Da Silva dice están por verse; habría que evaluar el impacto que han tenido estas decisiones por ejemplo en el caso de la recogida de basura por una compañía británica no sé si sentirnos orgullosos o sentir vergüenza, cuando vemos que un país contrata a un país rico para que le limpie o recoja la basura, si ese es el tipo de privatización que se tiene que aplaudir creo que estamos mal, o cuando encomendamos a organismos no gubernamentales a administrar parte de nuestro territorio, eso sí es preocupante.

En lo que se refiere a la privatización de la CDE, el mismo señor Da Silva dice que el 30 por ciento de energía ha sido consecuencia de la inversión, que es obviamente más sana que la trasferencia o cualquier forma de privatización de las sugeridas por el señor Da Silva, pero, si estoy totalmente sorprendido del nivel de análisis del problema energético, más cuando se trata de expertos en proyectos de desarrollo, y es que el problema de la energía no se puede ver como un asunto inmediatista, si llevamos casi veinte años en estos avatares, no se ha visto una decisión de estadista, en el sentido de ver resuelto el problema cuando menos a una generación. Y si nuestros expertos del BID caen en esto, que podemos pedir de los demás.

Yo creo que es carente de seriedad plantear la solución del problema energético como una mera transferencia de propiedad, tomando en cuenta que la energía es parte de la infraestructura fundamental de toda sociedad y por lo tanto si no tenemos una manga de evaluación a largo plazo, poco se hará con ese inmediatismo que a todas luces resulta sospechoso ya que sugiere un favoritismo específico y sino simplemente falta de competencia.

El señor Da Silva no tiene empacho en decir que hasta los fondos de pensiones se usen en los procesos de privatización como lo han hecho en Chile o en Perú, lo que convierte a dichos fondos en un riesgo inherente al manejo que hagan las entidades privadas de los montos captados. Todo el mundo corre el riesgo de perderlo todo si estas entidades hacen malas inversiones, éste mecanismo también se quiere usar en México para ayudar al rescate del colapso galopante de su sistema económico.

Yo rogaría al señor Da Silva que antes de estar hablando de la privatización, revisar una vez más sus datos de la deuda externa continental, ya que por sus mismas declaraciones el cree que el problema está resuelto. Creo que si analiza competentemente éste problema se dará cuenta que no es la privatización lo que definirá si un país progresa o no, sino el verdadero uso de sus recursos internos en programas de desarrollo acelerado y no como mecanismo de pago de deuda que ha retrasado a nuestros pueblos en casi veinticinco años. No es la ineficiencia del estado, sino que es el saqueo sistemático por el mecanismo de la deuda externa lo que tiene postrada a nuestras naciones y que las ha convertido en exportadoras netas de capitales, esto las ha imposibilitado de construir viviendas, invertir en energía, escuelas, hospitales, por ahí debería empezar su análisis y no saltar olímpicamente a un concepto hueco, desinformador y corrupto de lo que es la privatización.

Pero siempre tengo la esperanza como lo hizo mi amigo Davisson Buddho, ex funcionario del FMI que, si fue capaz de sacrificar su sueldo de 100 mil dólares al año, por tener limpia su conciencia cuando en su carta de renuncia al Fondo dijo: "Basta de seguir ensangrentando mis manos con las decisiones de este organismo en contra de los pueblos".

Siempre tengo la esperanza de ganar uno más en las causas de los pueblos.

EPISTEMOLOGIA DEL LIBRE COMERCIO (*)

(*) lunes 31 de julio de 1995. Cañabrava, SD, RD.

Hasta algún tiempo, se ha admitido que todo el fundamento epistemológico de la llamada economía clásica se basa en principios científicos, pero no es así, ya que, por su propia naturaleza, al igual que la economía marxista solo se basan en preceptos ideológicos, la primera basada en la competencia perfecta y la segunda basada en la lucha de clases.

La competencia perfecta es un concepto nominalista, aristotélico, y en esa perspectiva reduccionista y desde el punto de vista de sus bases conceptuales estas no se compadecen con la realidad, por ejemplo, veamos sólo una de estas, cuando se dice que debe existir un conocimiento de todos los ofertantes y de esta manera los demandantes tendrán mayor capacidad de decisión, esto no funciona así ni siquiera desde que elaboraron estas premisas de la "competencia perfecta". Desde el punto de vista del principio hereditario, si las bases de una llamada ciencia, en este caso de la economía clásica, es falsa, toda la construcción será falsa, a pesar de los ornamentos o accesorios de otras ramas del conocimiento, y es en esa perspectiva que hay que ver el fundamento de la economía de Adam Smith, que en ese tiempo cuando escribe "La riqueza de las naciones" era empleado de la Compañía de Indias Orientales, se sustenta en dos factores: precios y cantidades u oferta y demanda, para que funcione su teoría los demás factores se mantienen "ceteris paribus", es decir constantes, a pesar, como ha ocurrido muchas veces, que estos factores son más importantes que las determinadas por los precios y cantidades.

Por ejemplo, el desarrollo tecnológico, que no tiene una tasa constante de crecimiento, y que expresa explícitamente la capacidad creativa del individuo en la mejora constante de sus niveles de vida; al decir de Lyndon H. LaRouche "la creatividad humana es el verdadero motor de la economía".

Otro factor importante que no contempla la economía de Smith, es el crecimiento de la población y solo apela a la perversidad de Malthus, y no a una verdadera ciencia del crecimiento de la población que es una condición fundamental en la definición política, cualquier economía mínimamente instruida debe saber que la condición de crecimiento de la población es una condición natural de la humanidad y que irónicamente el control de población es tan perverso como el libre comercio.

No sigo hablando de otros factores, por ejemplo, todo lo que es la geografía económica en sus diversas composiciones y la economía de Smith y sus seguidores han dejado de lado factores cruciales de la naturaleza, el ser humano y Dios.

Aunque luego de manera aislada y carente de coherencia tratan de incorporar estos factores, pero en la perspectiva de sus bases conceptuales; por eso podemos escuchar hasta a premios Nobel defendiendo la esclavitud.

Una sociedad no puede depender de una economía que se basa en lo que se denomina su curva de oferta y demanda, que sólo ve al ser humano como un recurso natural y por lo tanto con un fin utilitario, supone de hecho una visión bestial del ser humano, le niega su capacidad superior, como individuo hecho a imagen y semejanza de Dios, "Imago Dei" y "Capax Dei", que le da la capacidad creativa de hacer cambiar la realidad, pero en función de la recta razón de Dios y no el fetiche del "becerro de oro" que subordina al hombre a una mera condición de bestia.

Si no hay una conexión real entre moral y economía se rompen los fundamentos válidos para entender el significado de la ciencia económica, y si se aparta de la ley natural, sus características de ciencia son para dudar, y no es que existan razones morales para justificar o no la existencia de una ciencia, sino porque la ciencia y a recta razón de Dios son coherentes.

Y esta falta de conexión se puede ver en algunos de los pasajes de los escritos de Adam Smith por ejemplo en su "Tratado sobre los sentimientos morales" solo le da al ser humano una combinación de placer y dolor, si esto solo fuera así entonces no existiría la capacidad creativa perpetua, capaz de producir cambios autoexpandientes para la vida del hombre, como lo demuestra la transformación a partir de una idea para cambiar la realidad y esto se palpa ontológicamente cuando se transforma en beneficio del ser humano.

Estamos pues ante dos ideologías determinantes, que no pueden reflejar una verdadera ciencia de la economía, que sus antecedentes se remontan mucho antes que Adam Smith. No voy a mencionar el versículo 28 del Génesis, pero si por ejemplo el trabajo de Godfred Leibniz, el denominado "Sociedad y Economía" (1621) más de cien años antes que "La riqueza de las naciones".

Leibniz desarrolla conceptos fundamentales como trabajo, tecnología y productividad que si real y efectivamente propician el desarrollo material y espiritual. Desde Leibniz, pasando por Colbert, Hamilton, Mathew y Henry Carey y otros y con el último impulso conceptual de Lyndon H LaRouche han creado la base para ver a la economía como una verdadera ciencia, que deja de lado los factores de mercado sino busca garantizar las condiciones necesarias para la sobrevivencia exitosa de la sociedad. La métrica de Leibniz es desarrollada con más precisión por LaRouche, con la relación de causa / efecto entre lo que llama la densidad relativa potencial de población (DRPP) y la densidad energética prevaleciente. Es la métrica para medir el desarrollo de la ciencia económica desde un punto de vista científico.

Por lo tanto el librecomercio como construcción teórica se basa en premisa falsas y solo depende de una realidad política de las fuerzas dominantes en un periodo de la historia, y estas fuerzas desde el punto de vista político representan a la vieja oligarquía que ha usado indistintamente a una serie de pensadores para poder mantener su poder casi eterno, pero hoy ante el escollo por una verdadera ciencia económica desarrollada por Lyndon H. LaRouche, pone en el tapete todo un cambio conceptual de una economía física y no la charlatanería de la llamada economía clásica y todos sus pelajes concomitantes.

INCOMPETENCIA TOTAL DE LOS "SERVICIOS ECONOMICOS NEOLIBERALES" (*)

(*) jueves 31 de agosto 1995, Cañabrava, SD, RD.

Pensar que una economía puede estar basada en los servicios, es una muestra total de desconocimiento de la ciencia económica, o lo mismo que seguir los viejos dogmas económicos de Adam Smith y sus seguidores como Milton Friedman y otros, cuyos cadáveres se pasean en estos momentos por Tokio y quieren llevarse al infierno, es decir a sus casas, al sistema financiero japonés.

Pero que hay detrás de todas estas ideas que están aupando, estos "economistas", sobre el supuesto papel clave de los servicios para el desarrollo, y como ellos mismos lo dicen en especial para nuestros pequeños países; claro, para justificar tremendo despropósito empiezan a dar cifras a diestra y siniestra para demostrar la validez de sus afirmaciones y tratando de concluir diciendo que nuestra economía ha crecido por el desarrollo de los servicios como el turismo, zonas francas, servicios financieros, seguros, fletes etc., que han tenido un crecimiento espectacular.

Si el crecimiento espectacular del que ellos hablan hubiese sido coherente, con el desarrollo espectacular de las condiciones de vida de la población, yo estaría de acuerdo totalmente con sus planteamientos, pero cuando observo que mientras crecen empresas de la zona franca, crece espectacularmente la pobreza, cuando veo que cada vez menos gente puede conservar sus ya resquebrajados presupuestos, uno empieza a pensar hasta qué punto serán ciertas las afirmaciones de esos "expertos".

Cuando uno ve que la oferta de los servicios turísticos crece cada año y sin embargo los beneficios que dejan al país son marginales, la verdad es que sí nos preocupamos. No solo porque usan argumentos falaces como por ejemplo decir que la producción de zonas francas son exportaciones, cuando se debe reconocer que no son más que enclaves extranjeros, y que solo basan su supuesto éxito en la miseria de los pagos a la mano de obra, es decir mientras más baratos los salarios, más eficiente, que expresión de caridad cristiana, y así tenemos que coincidir en que hay que analizar más detenidamente lo que está pasando.

Es verdad que cuantitativamente han crecido la participación de los servicios, pero también han decrecido las condiciones de vida de la población; y eso que no quiero hablar de los servicios más especulativos y más dañinos de la economía como son los servicios financieros que ahora son para especulación, y con la especulación de las derivadas, que son diez veces más que todo el volumen del comercio mundial.

Estas ideas no son más que parte del mismo plan de control mundial de lo que se llama el "Nuevo Orden Mundial" para un nuevo colonialismo, que se sustenta en el libre comercio en lo económico, y la destrucción de la soberanía nacional en lo político, y dentro de esto toda la ideología post industrialista, que tanto perjuicio le está ocasionando al mundo.

Estos voceros criollos del imperio de la usura, que se ganarían sin discusión alguna el premio del embajador Antonio J. Constant (Machi) del "Guacanagarix de Plata", básicamente por sus diligentes esfuerzos de hacer del país un "paraíso de servicios", desconocen conceptos claves de economía física, a pesar de que pueden tener todos los doctorados en economía, claro la de los dogmas de Adam Smith, pero que desconocen la ciencia de la economía física, desconocen el significado de la densidad relativa potencial de población (DRPP), no hay otra manera de comprender que digan que los servicios, son la clave para el desarrollo de nuestros países.

Desde finales de los setenta, los padres ideológicos de este paganismo económico, como lo proponentes de la economía de servicios, a través de sus más perversos círculos, como lo es el "Club de Roma", promovieron un estudio que fue desarrollado entre otros por la gente del Instituto

Tecnológico de Massachusetts (IMT), que se publicó hace casi treinta años con el título de "Los Limites del crecimiento", este trabajo constituyó la base para desarrollar toda la ideología post industrial que es parte del fundamento de estas corrientes neoliberales.

Ellos hablaban de los peligros que representa el crecimiento acelerado de la población, el peligro de la industrialización acelerada, principalmente por la supuesta escasez de recursos y del deterioro del ambiente, por la futura escasez de alimentos. Usando el método de "análisis de sistemas", ellos lo llamaban "dinámica de sistemas", simularon en sus computadoras los peligros que atraviesa la humanidad, y para salvar a ésta de tales peligros se requería la ampliación de una serie de medidas totalmente antihumanas, como son el control de la población, desarrollo de una ideología malthusiana y ecologista, y en materia económica todo lo que confrontara la industrialización.

Precisamente a partir de esas concepciones nacen las teorías post-industriales, y que dan nacimiento en la práctica a la locura post-industrial que iniciaron las naciones desarrolladas, que van transformándose de economía industriales a economías de servicio; los que tienen mi edad deben acordarse de Herbert Marcuse, y todo lo que fue la Escuela de Frankfurt, más recientemente de Alvin Toffler, sólo por mencionar dos post-industrialistas. Precisamente esta ideología marca verdaderos cambios paradigmáticos en las naciones desarrolladas, y si analizamos la composición de sus economías, salvo Alemania y Japón, las naciones industriales se convirtieron en economías de servicios, el caso más representativo son los Estados Unidos con un 75% aproximadamente de su actividad económica vinculada a los servicios, por ejemplo, de los ingresos norteamericanos en divisas, un 98% corresponden a la especulación financiera y sólo un 2 por ciento es el resultado de sus exportaciones o importaciones de bienes, y si hacemos la misma revisión en otras economías, veremos la misma realidad, y eso es grave, el cambio paradigmático a la economía de servicios es el gran causante de la crisis sistémica de la economía mundial.

Irónicamente, hace cuarenta años Lyndon H, LaRouche, ya criticaba como incompetentes todas estas teorías, sin embargo, la mínima acusación que se le hacía era de un extremista, en fin, todo tipo de epítetos, sin embargo, los hechos le han dado la razón a los conceptos por él desarrollados, de todo lo que es la economía física, que es la base para el desarrollo de una economía como ciencia, sustentados en principios que LaRouche encontró en Leibniz, como los de productividad, trabajo y tecnología, que la economía debe ser desarrollada para mejorar de manera perpetua las condiciones de vida de los individuos y la única manera de hacerlo es creando las condiciones de desarrollo total   de tecnología: la producción y la infraestructura productiva (caminos, comunicaciones, energía, educación, salud etc.), para garantizar los incrementos en la tasa de densidad relativa potencial de población (DRPP) que solo se logra con la producción de bienes tangibles. Los servicios son un complemento del circuito económico, pero nunca puede ser la actividad más importante, ya que la economía moriría de inanición.

Mientras como consecuencia de la ideología post industrial y con el librecambio, las economías en el mundo se destruyen aceleradamente, es tiempo de llevar a cabo un golpe de timón, con las ideas pro industriales de Lyndon H LaRouche, y para los que todavía sustentan estas ideas que de una vez por todas las echen al tacho de basura, para que puedan nutrirse de una verdadera ciencia económica, a menos que estos "expertos" piensen que la realidad está equivocada.

ALTO A LA PRIVATIZACIÓN: PRIORIDAD NACIONAL (*)

(*) sábado 30 de septiembre de 1995, Cañabrava, SD, RD

Cuando en 1984 en una reunión de banqueros acreedores de las naciones del tercer mundo en Vail, Colorado, inclusive con la presencia del tristemente célebre Henry Kissinger, evaluaban las alternativas de solución ante la incapacidad técnica de pagar de las naciones del tercer mundo, la alternativa que se escogió fue la del canje de deuda por activos, o deuda por patrimonio y a partir de ese momento y hasta nuestros días se inicia la campaña de los que se ha venido a llamar PRIVATIZACION.

A partir de ese momento y hasta nuestros días ha pasado mucha agua por debajo el rio, experiencias privatizadoras en México, Chile, Perú, Argentina o Bolivia como ejemplos que no demuestra que son un timo organizado, un robo.

Basta con citar dos ejemplos recientes, uno el caso de Aerolíneas Argentinas, en la Argentina de Carlos Menem. Que fue privatizada, transfiriéndose a IBERIA, línea aérea española, que es estatal, esta empresa no sólo destruyó a la línea nacional argentina, sino encima exigió al gobierno 50 millones de dólares para la recuperación o el caso más patético, como fue el caso de los bancos mexicanos, cuando el gobierno de Carlos Salinas de Gortari los privatizó, los ofreció por una bicoca de 7 mil millones de dólares, sin embargo después, el estado tuvo que otorgar subsidios por 28, 000 millones dólares a más de cargar ahora, 30,000 millones de pérdidas, que es lo que ha ocasionado ahora, pueden confirmarlo leyendo en el periódico mexicano "Excélsior" del 15 de septiembre de1995, en el artículo de José Neme Salum.

Todo maravilloso en el mundo del librecomercio, muy libre cuando se trata de comprar, pero cuando se trata de hacerlo funcionar, lanzan sus clamores de auxilio al gobierno y eso no solo ha sucedido son esas empresas y esos países, sino ha sido una regla común en este proceso de privatización, que ha tenido como regla común el robo del patrimonio nacional, de ahí que con base a esas

experiencias, se deben constituir en las constituciones de los países el delito de estafa para este tipo de operaciones, tanto para el personal nacional que participa en esto, como sus cómplices internacionales.

Y si analizamos estos procesos desde el punto de vista de los técnicos en planificación del desarrollo, a todas luces este proceso es una aberración, ya que para cualquier economista mínimamente preparado o para cualquier administrador de recursos sabe que una inversión nueva es mil veces superior que la simple trasferencia de viejas inversiones; esto demuestra competentemente el servilismo ce burócratas internacionales, como n el caso del BID, en nuestro país y explícitamente su actual incumbente, que hizo un trabajo previo en materia de privatización en su país, Brasil. Es cotidiano ver la llegada constante de misiones de "expertos", sean consultores británicos, sean del Banco Mundial, sean del BID y otros, que desfilan y siguen cabildeando y presionando para que se privatice todo lo más importante del aparato estatal como la Corporación Dominicana de Electricidad (CDE), el Consejo Estatal del azúcar (CEA), y otras empresas o entidades públicas. Sus agentes locales, promueven con verdaderas campañas de opinión publica la conveniencia de la privatización, por ejemplo, en el caso de la (CDE), mucha gente bien intencionada piensa que esta es la solución y claro para que todo coincida muchos de los funcionarios y sectores vinculados a este proceso no pierden oportunidad de demostrar la incompetencia de la administración pública.

Y este sector privado que ocupa la privatización es tanto o más corrupto que el vapuleado sector público, nada más veamos las crisis de las aduanas, o los favores recibidos por usar las instalaciones de un organismo del gobierno y en fin una serie de favores, que los convierten en privilegiados ante la vista y paciencia de una población cada vez más incrédula y descorazonada, por ejemplo, en el caso de la CDE, la crisis de la energía ya cumple dos década, y siempre ha prevalecido una solución inmediatista, pero de verdad que nunca se ha planteado el problema como un problema estratégico de estado, basta analizar la composición del parque energético para saber que ha sido así, y eso que por la dirección de la CDE, han pasado gentes no solo capacitadas sino

bien intencionadas, no podemos pensar en el desarrollo en serio de nuestra nación, sino contemplamos el factor energético, no solo densa sino a costo más bajo, para arribar a estas conclusiones requerimos saber lo que vamos a hacer en nuestra nación para los próximos 50 años, necesitamos ver desde una perspectiva de estadista lo que necesita nuestro país, sabemos que la densidad energética debe estar ligada principalmente a las expectativas de los sectores de mayor uso energético, que son los sectores productivos, eso implica que debemos dejar de priorizar el modelo de servicios y volver a las correctísimas medidas de desarrollo productivo y de infraestructura.

Debemos pensar seriamente en resolver las necesidades energéticas de toda la población dominicana, es decir no solo las ciudades, sino los campos, todos los lugares hasta el más pequeño villorrio debe tener energía, pensar de esa manera significa agotar las expectativas técnicas existentes a nivel mundial, la mayor parte de la energía mundial la consumen los llamados países ricos (80%) y gran parte de su energía es nuclear, por ejemplo Francia (80%) de sus fuentes energéticas son de origen nuclear, sin embargo la perniciosa campaña de los ecologistas ha sido tan determinante que gran parte de la población tiene un miedo enfermizo a esta energía. Cómo podemos llegar a ser desarrollados si le tememos a los caminos andados por los países industrializados, es el momento de evaluar las oportunidades energéticas de todos los ámbitos tecnológicos, y pensar ni por un segundo por el color político de los grupos dominantes, sino pensar en los dominicanos que necesitan una vida decente como es tener energía eléctrica normal, es decir las 24 horas del día todo el tiempo.

¿Cómo se puede aceptar que simplemente la solución es la Privatización? ¿Por qué estos señores privatizadores, no invierten en nuevas plantas? ¿Porqué? Que alguien responda, ¿qué tantos intereses tienen que se transfiera los activos de la CDE a manos privadas? ¿Existe una evaluación confiable de lo que vale la CDE?

En Francia, con el nuevo gobierno de Chirac, él piensa que hay que mejorar la calidad de vida de los franceses, y eso amigos lectores significa tomar su propio camino, es decir abandonar las locuras de la privatización.

Nosotros como nación que busca dramáticamente un camino valido de desarrollo, también deberíamos seguir la idea francesa de desarrollar nuestra capacidad y calidad de vida, es una exigencia que implica mandar al tacho de basura a estas concepciones de unos supuestos "expertos" de lo que son las políticas del FMI con el librecomercio como alternativa, y creo que está llegando el momento de defender al país de esta agresión. El Presidente Balaguer merece un reconocimiento público porque no ha permitido que se "privatice" ninguna de las empresas del estado, pero ¿hasta cuándo durara esto? Cuando escuchamos muchas voces que quieren privatizar todo, es la hora de la población que debe rechazar todo lo que huela a privatización porque es un robo.

LLEGO LA HORA DE PENSAR EN OTRO MODELO DE DESARROLLO PARA LA REPUBLICA DOMINICANA: A PROPOSITO DE LA LEY DE PARIDAD TEXTIL (*)

(*) martes 31 de octubre de 1995, Cañabrava, SD, RD.

¿Cómo podemos construir un modelo de desarrollo, que aún con meros inconvenientes legales ya tiene problemas?, ni siquiera se trata de asuntos tecnológicos, o económicos, o de financiamiento, o de mercado, no. Imaginemos lo que podría ocurrir si otras actividades económicas, también dependan de estos aspectos legales vinculados a la globalización y el libre comercio, nuestra nación estaría condenada y viviríamos en riesgos perpetuos.

Ni siquiera estas empresas dependen de la "cacareada" eficiencia, sino de un favor, resulta obvio que es un contrasentido, ya que toda esta gente y sus defensores viven hablando de eficiencia, de reingeniería, de calidad total, en fin, de todo el supuesto innovador del "managment" de la globalización, pero sin embargo no pueden superar el trago amargo de lo que significa la falta de paridad arancelaria para entrar a los Estado Unidos (8% del total del valor de la pieza), específica con México, que por el NAFTA (Tratado de Librecomercio norteamericano) ha logrado esta "supuesta" ventaja "ceteris paribus". Que mejor oportunidad de demostrar, por arte de los diseñadores de estas políticas, las ventajas de estar en una gran zona de librecomercio, cuyo sustento viene desde 1991 con la "Iniciativa de las Américas" de George Bush y que mejor con un gran problema como es la paridad textil.

Aún si se aprobara la Ley de Paridad Textil, existen para México algunas ventajas cualitativas y porque no también cuantitativas, como el caso del factor transporte, si se sabe que gran parte de las maquiladoras mexicanas se encuentran en la frontera, es decir en la entrada de los Estado Unidos mientras que nuestro país y demás países del área tienen el flete adicional por barco o por avión. Claro nuestros "expertos", agregan a esas ventajas, los salarios de hambre de México, según la lógica de estos hambreadores una de las normas

para contrarrestar la no aprobación de la Ley de Paridad Textil y los otros factores diferenciales serían con los salarios de hambre en la Republica Dominicana, si eso es así, ¿de qué nos sirven las zonas francas?

Esta gente que ahora se rasgan las vestiduras, no han aprendido la lección, son ineficientes, creen que con salarios miserables es la única forma de estar en competencia y no con las mejores tecnologías vitales dentro de cualquier proceso de producción.

La conclusión más importante que podemos sacar de todo esto es la naturaleza endeble y riesgosa de las economías globalizadas, tipo enclaves, como las zonas francas, que, ante el primer embate, por mínimo que sea (diferencial del 8%), amenazan con irse, ni siquiera los también ineficientes exportadores tradicionales, a pesar de todos sus vicios económicos, son capaces de hacer esto, ellos sobrellevan por décadas, cualquier tipo de crisis, que por lo que conocemos son muy superiores en dificultades, que lo que pasan estos modernos negocios globalizantes.

Por ejemplo, cuando se caen los precios de café, cacao, azúcar o ferroníquel, es muy raro que usted vea a esta gente salir desesperadamente del país, sin embargo, las zonas francas en iguales circunstancias se convierten en verdaderas desgracias nacionales,

¿Qué factores fundamentales caracterizan a este sector de zona franca, para una adecuada evaluación real en la economía?, en principio casi el 60% de las empresas instaladas se dedican al ensamblaje de prendas de vestir, es decir solo una fase de los es la actividad de confecciones; no usan ningún insumo nacional: telas, hilos, botones, elásticos, cartones, etc. Que producen algunas empresas dominicanas que no tienen ni el 20 % de las prerrogativas que tienen las empresas de zona franca. Es decir, el verdadero impacto en sector textil dominicano es casi nulo, si compraran parte o todos los insumos aquí tal vez tendrían algo, pero solo hay compras marginales, por ejemplo, si no le llega a tiempo alguno de sus insumos, es decir es nula su integración a la industria nacional, aun cuando los expertos de la ONU con la Asociación de industrias despilfarran muchos dólares para hacer esto posible, pero como casi todo del Nuevo Orden, fue solo otro cuento chino.

Lo único que vendemos es trabajo esclavo, y lo irónico de todo esto es lo que el liderato nacional se prepara a defender esto. Pesar de estos hechos, unos economistas muy encumbrados, dicen que son exportaciones lo que regresa por las zonas francas y con esto pretenden engañarse a sí mismos y a parte de la población para inflar los efectos de las zonas francas. Bajo otras condiciones talvez en estos momentos podríamos haber tenido nuestros propios parques industriales amplios y diversificados, ni siquiera mendigando las prerrogativas de las zonas francas; quizás no estaríamos en la situación que nos encontramos en estos momentos por los efectos de la economía globalizada. Las zonas francas quizás sean buenas para los dueños de ellas o para los dueños de las empresas que vienen a usar sus instalaciones.

Es norma común que estos promotores siempre vivan reclamando libre mercado para todas sus operaciones cambiarias y mientras mejor este el cambio, que así sea, aunque se perjudique la economía como un todo. Tanto los promotores de zonas francas como los dueños de las empresas cobran en dólares.

Y si hacemos una pequeña introspección del mundillo de las empresas ensambladoras de ropas que se encuentran en la zona, nos llevaríamos muchas sorpresas cuando descubrimos que algunas de ellas son usadas para introducir contrabando, que compite de manera desleal con la producción criolla, otras reexportan y utilizan como punto de tránsito a nuestro país para entrar al mercado norteamericano, trayendo de otros lugares, donde la mano de obra tiene un tratamiento más desgraciado que por estos lados. Nadie puede explicar cómo se ofrecen a las tiendas de la Duarte o la Mella u otros lugares, T-shirts a 19 pesos la unidad de buena calidad, cuando la empresa criolla que hace la, tela y confecciona este mismo producto tiene que venderla a 30 pesos, y así como se ofrecen estos productos también se ofrecen camisas, pantalones, ropa interior etc., etc.

Por estas razones hay que evaluar, si vale la pena seguir corriendo todos estos riesgos, y que principalmente por factores exógenos, un sector pueda desaparecer rápidamente.

Bien haría el gobierno en señalar nuevas rutas de actividades económicas que, si tengan un respaldo permanente de, los sectores nacionales. Debemos nuevamente mirar a nuestro sector productivo nacional y empezar a hacer ejercicios mentales para determinar los tipos de actividades productivas que necesitamos desarrollar para los próximos 25 años, y que permita recibir el apoyo del estado para una etapa proteccionista en la perspectiva de la eficiencia tecnológica y la mejora del mercado interno toda vez que estamos a las puertas del colapso generalizado del sistema financiero internacional.

Hay que empezar, por estas razones a esbozar lo que sería el plan de desarrollo de la infraestructura física que necesitamos para ser una nación de condiciones decentes de vida y esto no podemos realizarlo si no rompemos con los esquemas esclavistas del capitalismo liberal y salvaje.

EL LIBRE COMERCIO DESTRUYE AL INDUSTRIA Y LOS EMPLEOS (*)

(*) jueves 30 de noviembre de 1995, Cañabrava, SD, RD

Venir a estas alturas del siglo a discutir sobre la validez de la teoría de la ventaja comparativa de David Ricardo, o de toda la teoría de la economía clásica británica, con Adam Smith a la cabeza es como pensar en las viejas carretas jaladas por caballos en el oeste norteamericano para llegar a la luna, es decir un absurdo. Para muchos de los lectores es evidente que casi todas sus declaraciones para defender su teoría tienen "validez", lo único malo es que la realidad es la que se equivoca. Esto solo demuestra su total incompetencia en el manejo sobre lo que es la realidad económica de las sociedades, una realidad que ellos descartan, porqué su supuesto básico es el "ceteris paribus" de los factores que influyen de manera prevaleciente en el proceso económico.

Los amigos lectores deben de comprender que los supuestos teóricos de estos "alquimistas" de la economía, son totalmente contrarios, a la naturaleza del hombre; para estos señores el ser humano es un mero factor en el utilitarismo, este enfoque hace sus teorías no solo antihumanas sino terriblemente anticristianas y lo podemos comprender cuando el experto, para corregir a un ex Presidente de los industriales de Herrera que no defiende la industria como él dice, no tiene el menor empacho, para demostrar su sacrosanta teoría en decir que para ser competitivo, simplemente hay que bajar los salarios, estas simplonada solo se comprende por dos cosas un a que este experto desconoce cómo son los procesos productivos y otro que no tiene la mínima idea del concepto clave de los que es la densidad relativa potencial de población, energía libre etc.

El gran problema de estos "sabios" neoliberales, es que todo lo han reducido a los valores de cambio, esto, desde el punto de vista del ser humano, es una visión bestial, deshumanizada, por eso el concepto de justicia social no existe para ellos. Es obvio que desconocen los últimos 200 años de historia

económica. Con esas bases epistemológicas la conclusión del "experto" es que el proteccionismo destruye industrias y empleos; lo único real en estos fanáticos del librecomercio es que cada día que pasa todo lo que pretenden implementar con sus teorías, les revienta en la cara. Por ejemplo, dos meses antes de que explotara la crisis mexicana, este experto escribía que el modelo a seguir era México, y cuando estallo esta, buscó, las más "esterilizadas" formas de justificar los errores del librecomercio usando argumentos de uno de sus fanáticos monetaristas como el argentino Calvo, hay que decirles a estos señores que la lotería y la economía son dos cosas diferentes y para su información el único economista sabio y sensato, que decía lo que ocurriría México fue Lyndon H. LaRouche, que sabemos cuándo escuchan su nombre entran en pánico, como sucede cuando el diablo ve a la cruz.   Pero a pesar de la historia de estos señores, yo creo que es un acto cristiano corregirles sus errores y más cuando estos errores significan la muerte de millones de seres humanos. Lo primero que hay que decirle a ese "experto "es que el ser humano es un ser superior, hecho a imagen y semejanza del creador, por lo que tiene derecho a vivir con dignidad, una persona no puede ser tratada como si fuera un objeto desechable.

El ser humano no es solo codicia o como dice su padre ideológico Adam Smith, un sujeto dedicado al placer y el dolor, adorador del becerro de oro del dinero. Si se ve al ser humano en esta dimensión animalesca, si podemos entender su maldad intrínseca, que hace desviada y torva su teoría y lógicamente nunca va a coincidir con la realidad. Por eso es que segmentan tanto la realidad y además a todos los factores que puedan desviar sus conclusiones les aplican el "ceteris paribus" (los otros factores constantes). Esto aparte de ser un error metodológico, responde a la ideología de la oligarquía británica, pero nunca para el desarrollo de la humanidad como un todo, el libre comercio tiene esa maldad intrínseca, que el libre para los grandes y poderoso y esclavitud para los más débiles.

Bajo estas condiciones lean lo que escribió este señor contra el expresidente de la Asociación de industriales de Herrera en sus peroratas sobre la ventaja comparativa, para justificar el trabajo esclavo. "Un ejemplo hipotético permitirá aclarar las confusiones y demostrar este mito en que incurre Espín y

otros que le han antecedido, es una falacia. La República Dominicana podría ser menos eficiente (en términos de productividad o rendimientos) que Ecuador en la producción de tomates, pero esta deficiencia en eficiencia podría ser mayor en el caso del arroz. Debido a esta menor productividad global, la Republica Dominicana deberá pagar salarios más bajos que lo que paga Ecuador (hacer esa conclusión es ignorar cómo funciona el proceso de producción). Es obvio que paga salarios iguales a los que prevalecen en Ecuador, los costos de producción, dada la inferior productividad serán mayores en República Dominicana que en Ecuador en la producción de ambos bienes arroz y tomates", sigue "El proceso de ajuste que se produce cuando dos países comercian (aunque no es normal que solo dos países comercien) y uno de ellos produce ambos bienes a costos inferiores , lleva a una reducción de los precios de los factores o insumos que se utilizan en la producción de ambos bienes. En el modelo de un factor, es el salario el que comienza a reducirse en el país que opera con costos más altos (si es así es porque es el factor más débil y más explotado). En el modelo de factores o insumos el proceso de ajuste conlleva a una baja de costos de todos los factores, trabajo, capital y otros insumos, como podría ser en el caso de los productos agrícolas, los fertilizantes y agroquímicos (¿serán que eso otros factores bajan por acción de la "mano invisible"?).

Y claro concluye "Esta baja de salarios (en el modelo de un factor) se verificaría cuando la República Dominicana produzca tomates y arroz a un costo más bajo que el exhibido por el Ecuador.

La teoría de la ventaja comparativa indicaría que le patrón de comercio entre Ecuador y Republica Dominicana exhiba desventaja absoluta en la producción de arroz y tomates frente a Ecuador".

Qué conclusiones podemos sacar, primero las ideas reduccionistas de los defensores del libre comercio, son tan lamentables como en este caso porque todo queda para hacer competitivo al país en la reducción de salarios, con esta idea justifica la competitividad de las zonas francas y todo lo demás. Esto refleja un profundo desconocimiento de los que es el proceso productivo, y principalmente el concepto de tecnología y con este factor el significado de la

densidad relativa potencial de población (DRPP) y su relación con la densidad energética, por eso se entiende porqué estos señores no comprenden la diferencia entre una economía orientada a la producción y otra orientada a los servicios para ellos estas son iguales, como ven también que los pesos obtenidos por un kilo de arroz son iguales a los pesos de un kilo de cocaína.

Hay que decir que los supuestos que dan nacimiento de la teoría de las ventajas comparativas, ni siquiera en la época del autor David Ricardo fue aplicable, y menos ahora que prácticamente todas las naciones están interconectadas y el tema de la tecnología destruye a dicha teoría. El error conceptual proviene de los mismos conceptos de Adam Smith, siempre consideró a la tecnología como capital variable, ni siquiera conoció el trabajo, o lo ignoro de Godofredo Leibniz "Sociedad y economía "publicado en (1,671). Leibniz profundiza tres temas: productividad, trabajo y tecnología como fundamentos de la economía. Karl Marx desarrollo la diferencia entre capital constante y capital variable, pero dejo la parte referida a la tecnología en el terreno de plusvalía relativa y la plusvalía absoluta, pero siempre fue incompleto el concepto hasta los trabajos desarrollados por Lyndon H LaRouche, que le da un papel fundamental, a la tecnología, como consecuencia de definir la creatividad como el motor de la economía.

Cuando se pretende justificar las ventajas del librecomercio piensan que usando este supuesto beneficio se debe conformar a la gente, pero el fin de cualquier política económica seria y científica es mejorar cualitativamente las condiciones de vida y si este señor dice que hay que tener el salario de competencia y que concluye que este debe ser bajo, si hay que estar bastante preocupados, porque definitivamente no responden a los intereses del país sino los de sus dueños.

LA PRIVATIZACIÓN DE LOS FONDOS DE PENSIONES: UNO DE LOS MAYORES FRAUDES DEL NEOLIBERALISMO (*)

(*) 30 de diciembre de 1995, Cañabrava, SD, RD.

Cerramos el año 1995, con la exacta visión de que implementación del neoliberalismo y las políticas del "Nuevo orden mundial" han concluido su ciclo histórico, ante el evidente fracaso que han experimentado no solamente en las naciones iberoamericanas y del tercer mundo, sino también en las naciones del llamado primer mundo. La conspiración globalizante, no ha mostrado más que una perversidad en contra de los pueblos y las gentes de todo el planeta, con su secuela de pobreza, desempleo, salarios de hambre en nombre de la eficiencia, y la entrada en la peor depresión económica que en centurias ha visto el mundo.

El espejismo que los "expertos" vendían del librecomercio y la globalización se ha terminado, claro, se sienten todavía estertores de su existencia ya que todavía juegan a insistir con este fracasado proceso.

Seguir pensando en el libre comercio después de lo de México, es un absurdo, seguir pensando en seguir las pautas del GATT y la OMC (Organización Mundial de Comercio) que cada uno de nuestros países tuvo que aceptar obligados, no solo es una violación a la ley natural sino una falta de respeto a los patriotas que hasta ahora siguen defendiendo la soberanía nacional. Es risible observar a muchos empresarios y políticos diciendo que hay que insertarnos en las mejores condiciones posibles a la OMC, cuando esta entidad nunca mostró un perfil de posibles beneficios para nuestras economías; además todo el mundo sabe que nuestras naciones firmaron su incorporación a entidades supranacionales de manera forzosa, forzados en muchos casos con chantajes explícitos y en la generalidad de los casos vendiendo ilusiones de un futuro promisorio. En todo el mundo a excepción de Lyndon H LaRouche, estadista y economista norteamericano y algún otro como el premio nobel francés Maurice Allais, advirtieron severamente al mundo, lo que significaba incorporarse a este proceso artificial de globalización que solo ha beneficiado a un puñado de oligarcas que tiene el control de la economía mundial.

El control de los alimentos, los minerales estratégicos, instituciones como la desacreditada Naciones Unidas y organismos similares, en las actividades separatistas en nombre del indigenismo o el etnicismo, en el ecologismo etc. está la "mano invisible" de los que hablan de libre comercio, son los dueños del mundo que tienen nombres y apellidos, cuyo objetivo final es recolonizar las naciones con su nueva arma económica del modelo neoliberal, pero para alcanzar este objetivo tienen que destruir los estados nacionales, y en el caso de Iberoamérica, sus instituciones tutelares como la iglesia católica y las fuerzas armadas, quieren naciones sin gente a través del control de la natalidad y aplican un "apartheid tecnológico" para que la ciencia y la tecnología no lleguen a las naciones en vías de desarrollo. Todo esto es obvio en este proceso fatal de la Globalización que no es un proceso natural como algunos piensan, sino, es la imposición de una oligarquía con poder casi omnímodo en contra de la humanidad.

Privatizar, apertura económica, autonomía del Banco Central, zonas francas, destrucción del estado benefactor por na sociedad utilitarista de costo/beneficio, que no es más que ver al hombre como una mera bestia, a estos personeros no les voy a quitar ese apelativo, pero si mostrar el pedigrí de estos llamados seres humanos con semejantes ideas y decisiones.

Ahora entre otra de sus perversidades, está la privatización de las pensiones, la razón del supuesto éxito del "modelo chileno": el robo de 25 mil millones de dólares de las pensiones de los trabajadores para que lo usen los especuladores, que han preparado sus propias leyes para apoderarse de esa riqueza de los trabajadores. En Chile se han incorporado estos fondos de los trabajadores apuntalando el "éxito" del modelo librecambista, sin embargo, a pesar de todas las razones que están usando para convencer de sus bondades, es muy peligroso poner 25 mil millones de dólares en las manos de unos "gánsteres" que protegidos por sus propias leyes se apoderan de los recursos de los trabajadores.

En Chile primero destruyeron los sindicatos, luego sin defensa los trabajadores tuvieron que aceptar el ingreso de los fondos de pensiones al sistema financiero y como advirtió la revista "Executive Intelligence Review" (EIR), hoy por hoy la más competente de análisis político y económico, esta enfermedad especulativa, ya empezó a tener sus resultados adversos en los fondos de pensiones chilenos, según los mismo expertos que implementaron la privatización de estos fondos , en el mes de septiembre se perdieron 1,500 millones de dólares, por dedicarse a la especulación financiera, claro estos mismos expertos dijeron que en los meses de octubre y noviembre se volvieron a recuperar, pero lo que es claro es que se trata de una seria advertencia sobre lo que le puede pasar a la totalidad de los fondos de pensiones en manos de estos especuladores.

La composición de los fondos de pensiones en Chile da que casi dos tercios de la totalidad, es decir 16 mil millones de dólares están metidos en especulación financiera principalmente las derivadas, las más riesgosas, tienen casi la misma composición de lo que había en México, o en el Condado de Orange en California o en el Banco Baring de Inglaterra, es decir los fondos de pensiones se podían hacer humo tal como ocurrió en estos tres casos mencionados.

Estos promotores de la privatización de pensiones son tan cínicos que dicen que es la única salida que tiene el tercer mundo para que mejores sus condiciones macroeconómicas y su competitividad, por eso vemos a José Piñera y sus colaboradores dando la vuelta al mundo, convenciendo a gobiernos y otras instituciones de las supuestas ventajas de este nuevo robo. Hay otros países que han seguido el ejemplo, como el caso del Perú, pero si han encontrado una tremenda resistencia, aunque los casos de abierta corrupción se han manifestado en ciertos personajes como el ex ministro de economía Carlos Bologna Sehr, que implemento el proceso y que se ha beneficiado de manera personal ya que no solo constituyó la primera AFP (Administradora de Fondos de Pensiones), sino que se ha aprovechado de todo este proceso de apertura, para ser uno de los primeros franquiciadores de firmas internacionales..

En Perú no solo usan el dinero de las pensiones, sino que también abusan con los mismos trabajadores de las AFPs, es una forma de capitalismo salvaje. En días pasados vimos en la televisión a uno de estos buitres, clamando por los fondos de pensiones de los trabajadores dominicanos. Es el momento que todos los trabajadores dominicanos sigan de cerca este proceso maligno, que estos momentos está dando la vuelta al mundo, y hasta en los mismo Estado Unidos, con el fascista New Gingrich se quiere imponer. Es el momento de la defensa verdadera de los intereses de los trabajadores.

¿PORQUE QUIEREN "URGENTE" LA REFORMA ARNCELARIA? (*)

(*) miércoles, 31 de enero de 1996, Cañabrava, SD. RD.

En esos días se ha desatado, otra vez, una campaña abierta para seguir en la implementación de las políticas neoliberales, ésta se oculta a través de una supuesta campaña para definir los grados de liberación de los aranceles existentes, es decir aparece como una discusión académica que no tiene implicaciones que no sean de tipo técnico, en esta discusión participan algunos de los ya conocidos "expertos", unos basándose en una formula típica en los librecambistas, para medir el grado de protección efectiva, una de sus típicas tonterías que desde el punto de vista conceptual no tienen validez real, y aunque quieran asumirlo como real, no es más que realidad virtual, su fórmula no mide por ejemplo, los efectos de la tasa de interés prevaleciente, ni el incremento que sufren las empresas por los relevantes costos de la energía, por decir solo dos elementos que afectan al productor nacional los cuales no existen para estos "expertos".

Por otro lado, también otro librecambista, que acepta la política de los hechos consumados plantea una serie de ideas para disminuir en el más breve plazo, los aranceles. Pero independientemente de sus discrepancias entre ellos, los dos tienen un mismo objetivo que es imponer el librecomercio en nuestra nación, por ello persiguen romper sistemáticamente el sistema arancelario nacional y de paso destruir la producción nacional. Aunque este sistema nació natimuerto, supongamos por un momento, como ellos dicen, que triunfe la globalización del librecomercio, si esto ocurre nuestras naciones habrían perdido su capacidad de sobrevivir, ya que detrás de la liberalización se esconde la recolonización, al quedar destruidas las capacidades productivas de nuestras naciones, y si no hay producción, hay que eliminar fronteras, hay que eliminar gente, hay que dejar de creer en proceso nacionales y a todas luces queda claro que el problema va más allá de una simple restructuración de los aranceles, el problema es la existencia misma del estado nacional.

NATURALEZA DE LOS ARANCELES

¿Por qué existen aranceles? Uno de los instrumentos económicos más efectivos que usan los estados nacionales para elaborar una sabia política económica, y así ha sucedido en los últimos 200 años de historia económica, orientando a las relaciones económicas internacionales básicamente en las exportaciones e importaciones. En el caso de la primera para obligar al productor nacional a mejorar de manera perpetua su valor agregado, si sus exportaciones básicas son materias primas buscar mejorar para agregar más valor a las mismas a partir de las materias primas hasta lograr las manufacturas, es una de las leyes más elementales desde los consejos de List y el fundamento del desarrollo de las actuales economías industrializadas.

En cuanto a las importaciones, debe verse con el criterio de generar protección a las infantas industria locales y además como fuente de recaudación del estado siempre y cuando sea coherente con el desarrollo productivo nacional.

Esta protección de la producción nacional no implica de ninguna manera alentar sectores monopólicos, como paso con las recomendaciones de la CEPAL de Prebish, en lo que llamó sustitución de importaciones. Esa orientación viene de parte de los mismos padres del proteccionismo como Alexander Hamilton o Federico List, según ellos, se debe garantizar el proceso de competencia que permita elevar el grado de eficiencia y eficacia productiva, de tal manera que pueda superar etapas todo el sistema productivo nacional y competir en igualdad de condiciones transcurrido cierto tiempo con los sectores productivos de otras naciones. El criterio de desarrollo de monopolios, más bien lo han usado los sectores librecambistas para desfavorecer los criterios de un correcto sistema proteccionista.

También existe otro prejuicio, muy común entre los librecambistas, que dice que la apertura debe ser total, sea esta voluntaria u obligada, una apertura radical, pero desconocen que, hasta el mismo padre del liberalismo económico, Adam Smith decía que debería haber protección en tres casos: primero como medida de retorsión, es decir cuando una nación extranjera limita nuestras exportaciones y existe la esperanza de forzarla, mediante represalias, a que retiren sus medidas restrictivas; segundo lugar para la

defensa nacional explicándose la protección para aquellos artículos manufacturados que son necesarios para ese objeto y no puedan producirse en la nación de libre competencia y en tercer lugar, como medio de equipación, cuando los productos de los extranjeros estén menso grabados que los del país, aunque otro liberal como Juan Bautista Say reprueba estos tipos de protección, lo admite y en cambio plantea lo que vendría a ser un cuarto caso, especialmente cuando se espera que una rama industrial, después de trascurrido unos pocos años, resulte lucrativo que ya no necesite protección.

Como podemos apreciar a los padres fundadores del librecomercio, promueven algunas formas de protección, sin embargo, sus discípulos, están totalmente fuera de órbita pidiendo cero protecciones, es más hasta en el caso de Chile, en los últimos 22 años, también esos mismos discípulos se equivocan, y cuando empezó el proceso con la dictadura de Pinochet, liberaron totalmente los aranceles a las importaciones, y rápidamente cuando se dieron cuenta de los perjuicios, subieron los aranceles, inclusive en algunos productos hasta el 30 %, con estos antecedentes ¿Cómo es posible , impunemente abrir nuestros mercados?

¿Qué queda claro de todo esto? Que los últimos 200 años de historia económica, lo único que ha hecho posible la llegada al primer mundo de las hoy naciones industrializadas, fue la lucidez de sus autoridades económicas de utilizar el sistema proteccionista, desde la infancia y adolescencia de sus industrias hasta ponerla en condiciones de competencia mundial, solo después de esto, que venga cualquier posibilidad de libre mercado, , no antes sin embargo contrario esta experiencia, hoy los organismos multinacionales, las naciones promotoras del libre comercio como Gran Bretaña y Estados Unidos nos piden enrumbar un camino totalmente distinto al camino que ellos usaron, y lo que es peor que tenemos expertos economistas, empresarios, políticos, sindicalistas etc. dominicanos que aceptan estos lineamientos.

El criterio básico de la implementación de aranceles es que tiene el fin explícito de hacer que cada nación incremente sus capacidades de desarrollo con su sistema productivo y en segunda instancia como una forma de generar ingresos para la administración del estado.

Claro esos mismos librecambistas pretenden refutar estos criterios tradicionales diciendo que nuestra economía debe dedicarse exclusivamente a los servicios, pero esta actividad no crea riqueza real y que solo debe verse como un complemento dentro de nuestra economía. Aunque no lo mencionan los locales, siempre se dice que Suiza es el ejemplo ideal de país de servicios, pero no mencionan que esta nación tiene importantes sectores productivos, muy especializado para mercado de calidad que les aporte ingresos significativos a sus pobladores, por ejemplo, la industria láctea, relojera, textiles alimentos en general etc. Otras naciones pequeñas solo deben verse como excepciones a la regla.

Sólo podemos decir que podemos ser un Taiwán, si abandonamos el librecomercio, cuando menos en una generación.

Lo que necesitamos es una reforma arancelaria, pero en interés de la nación por que esta debe garantizar:

1. Nuestra capacidad de sobrevivir como nación, esto significa que tiene que existir protección para nuestra actividad productiva, en la expectativa de permitirles pasar de la infancia a la madurez hasta que tengan capacidad de competencia mundial y no antes.
2. La capacidad de orientar un desarrollo acelerado de las actividades productivas de mayor valor agregado. Especializando las exportaciones siempre hacia la manufactura e incentivando la importación de bienes de capital e insumos de producción, cuando ocurra eso debemos estar seguros que si habrá un gran desarrollo de la producción no importa que la balanza comercial sea deficitaria en más de diez veces. Luego se revertirá.
3. Desarrollar un proceso de integración económica dedicada a la inversión en grandes proyectos de infraestructura física: energía, carreteras, comunicaciones, hospitales, puertos etc. Y no en el espíritu meramente comercial de los tratados de libre comercio que se imponen. Sólo con estas precondiciones lograremos mejorar nuestro mercado interno, pero, si nos basamos en los criterios librecambistas de hoy, irremediablemente estaremos condenados al fracaso.

Algunos dirán que estas ideas están fuera de foco respecto a las nuevas relaciones creadas por la OMC (Organización Mundial de Comercio), pero cuando leí a Maurice Allais, premio Nobel de economía de 1988, decir "Tomar decisiones con graves consecuencias para decenas de millones de personas en base a esas conclusiones, es

absurdo. El informe del Banco Mundial es una gigantesca mistificación de una ideología simplista, la ideología del libre comercio dogmática y libre a ultranza, realmente me preocupa tremendamente, porque estoy convencido, que necesitamos una evaluación completa de lo que significa la incorporación de la OMC, para evaluar las ventajas y desventajas que se tendrían por permanecer en esa institución, y talvez vale la pena tener un plan prudencial de transición" con lo que dijo Allais, quisiera saber que estudios se hicieron, donde están los trabajos comparativos, nunca se han mostrado a la luz, a lo mejor nunca existieron, esto si puede poner en peligro a la población dominicana por la simple aceptación de una presión internacional amparada en el Acuerdo Marco con Estado Unidos de 1990.
Antes de decir ¿cómo deben bajarse los aranceles? Creo que debe agotarse la discusión de ¿por qué hay que bajar los aranceles?

LA GARRA BRITANICA EN ACCION (*)
"...porque ellos piensan que existen los británicos y la raza humana..."
En el discurso del Dr. Joaquín Balaguer ante la Asamblea Nacional 27/02/1994

(*) jueves 29 de febrero de 1996, Cañabrava, SD, RD

¿Por qué dijo esto el Dr. Balaguer?, pocos encontraron sentido a las advertencias del Presidente y la mejor manera de analizarlo es conocer lo que han empezado a hacer los británicos después de dicho discurso.

Pocos se fijan en los británicos, ya que por lo general han usado a su "músculo gringo", las pocas veces que los norteamericanos se han librado de ellos, siempre han logrado traer el progreso de su propia nación y de las naciones en desarrollo. La guerra de la independencia norteamericana se libró contra la oligarquía británica, y en la Constitución norteamericana, sobre la base de los derechos inalienables del hombre, que refleja un sentido de igualdad, que en Inglaterra nunca se han visto. El patriota norteamericano Tomas Paine, poeta, decía "si todos los hombres somos iguales ante Dios, ¿cómo es posible, que haya alguien que tenga tantos y odiosos privilegios como lo tienen los gobiernos oligarcas?".

Ese es la diferencia entre el pensamiento oligárquico y el pensamiento republicano. Las peores acciones contra Iberoamérica por parte de los norteamericanos, han sido cuando sus gobiernos han estado totalmente dominados por los intereses británicos, solo citemos estos pocos ejemplos: Teddy Roosevelt, Harry Truman, Dwight Eisenhower, Ronald Reagan y por último George Bush.

El proteger esta camarilla ha significado demasiadas desgracias para los pueblos del mundo, y ahora están en otras ofertas, en nombre de esas mismas fuerzas oligárquicas que giran en torno a la Casa de Windsor, que tienen el control sobre un 30% de las naciones del mundo y en extensión geográfica que tienen el control casi total del mercado de minerales preciosos o de piedras preciosas, que tienen un control importante de más del 50% de la producción, comercialización e infraestructura de los alimentos que ejercen una influencia decisiva en los organismos multinacionales como el caso de la ONU en un afán federalista para el control total, como el caso del Tratado de Maastricht, son la viejas ideas oligárquicas del Príncipe Felipe, de su ideólogo de mediado del presente siglo Bertrand Russel.

Estos oligarcas que por lograr el control total de los recursos apoyan el separatismo en las naciones, por ejemplo, en Iberoamérica, promoviendo las corrientes indigenistas, poniendo a su disposición todo un ejército de antropólogos, etnólogos y demás especialistas que hacen una labor de zapa en contra de las naciones, y también en nombre del ecologismo, promueven que es mala la tecnología, y sobre todo dañina, con el argumento que dañamos el ambiente, la organización más destacada del Príncipe Felipe es "Greenpeace".

La Reina de Inglaterra, Isabel II, controla directamente 16 países, como soberana, y tiene título nobiliario en casi 56 países de manera directa, en la que gran parte de sus integrantes están "al servicio de su Majestad". Cuando su brazo de propaganda a través de la Corporación Hollinger en las que se encuentran "American Spectator", "Washington Post" o "Wall Street Journal" y las cadenas de influencia de opinión pública que ahora desatan ataques contra el Presidente norteamericano Bill Clinton, queda claro en estos momentos, la voluntad de destruir alguien que ha decidido romper esa relación especial con los británicos; que en estos momentos nos enfrentamos a una crisis económica y financiera de gravedad histórica, provocados por estos intereses que pretenden destruir la institución de la Presidencia en Estado Unidos, y que desde el punto de vista fáctico es la única dependencia mundial que podría organizar la reforma de la economía, para reconstruirla con una alternativa de desarrollo y trabajo, y el actual presidente sí podría hacerlo, por eso entienden los ataques del Whitewatergate o el Travelgate: contra su esposa Hillary.

Muchos dominicanos entonces se preguntarán: ¿bueno y que tiene que ver nuestro país en esto que los británicos promueven? Un nuevo orden expoliador, destructor de la soberanía nacional, neo colonizador, globalización y apertura económica, para el librecomercio total; existen algunos ingenuos que todavía creen en sus supuestos beneficios, pero, hagamos un pequeño resumen de lo que los británicos están haciendo ahora, y comprenderemos las palabras del Presidente Balaguer ante la Asamblea Nacional en febrero de 1994.

A partir de esas declaraciones los británicos han desarrollado toda una labor sistemática para empezar a influir en la República Dominicana, después que Margaret Thatcher ordenara cerrar la embajada hace más de diez años, dejando la de Puerto Príncipe para atender a los dos países, unión de la isla en la práctica.

Después de esto, el mismo Parlamento británico en 1995, habló que quiere recuperar su influencia mundial, y plantean no solo la necesidad de promover más lo británico en inversiones o influencia política, sino también en las comunicaciones de la inteligencia inglesa para las relaciones públicas y sobre todo en el manejo de toda la política exterior del imperio británico.

Después de ese famoso discurso, empezaron a llegar numerosas delegaciones y misiones especiales inglesas, desde su vice-canciller hasta su embajador recurrente en Venezuela, señor John Flyn; después también inocentes misiones comerciales y de reforzamiento de la Cámara de comercio Dominico-británica, cuyo presidente, señor Fernando Gonzales, acaba de recibir del vice canciller británico una condecoración de la Reina de Inglaterra, también está "al servicio de su majestad".

Cuando hacemos referencia al vice – canciller británico que nos visitó, tenemos que hablar del principal privatizador británico de la época de Margaret Thatcher, fue el que pudo colocar a los "expertos" de COOPERS & LYBRAND para que estudiaran la posibilidad de privatizar la CDE, es más, la conclusión inmediata fue la creación de la Compañía de Electricidad de Puerto Plata financiada por la CCD (Commonwealth Comerce Development) que fue una de las ultimas misiones que estuvo por acá después que se instalara el embajador británico Dick Thomas.

El año pasado la Fundación del Príncipe de Edimburgo se ofreció a auspiciar un "brunch" en Miami, para recaudar fondos para la Cruz Roja dominicana, y el invitado especial fue nada menos que el Príncipe Eduardo, hijo de las mismísima Reina de Inglaterra, además se dejó establecido una filial de la fundación, para entrenar a jóvenes dominicanos en labores de defensa de la naturaleza y otras "obras sociales".

Sin embargo, una institución inglesa "The unit of the Economist" califica al país como el cuarto país de más alto riego, para inversiones en Iberoamérica, mientras que por otro lado dicen que es aceptable para las inversiones inglesas, en un momento que ellos se desplazan agresivamente por todo el continente, especialmente en Perú, Chile, Cuba, Colombia, etc. Estemos pendientes pues a las acciones británicas, porque definitivamente sus intereses son totalmente contarios al interés nacional.

EL NEOLIBERALISMO: DOCTRINA SOCIAL DE SATANÁS (*)

(*) sábado 30 de marzo de 1996, Cañabrava, SD, RD

Ya es casi cotidiano escuchar a los defensores neoliberales expresar sus puntos de vista, aunque siempre equivocadas para los intereses nacionales, ahora en su última ofensiva, en la que están diciendo que el país incumple con lo acordado en el GATT y la OMC, todo porque el gobierno decidió defender a los productores nacionales de ajos, cebollas, arroz, carne de pollo, leche entera, habichuelas, azúcar y maíz.

Aunque esta gestión las está realizando conjuntamente con los Estados Unidos, un respetado defensor de los productores nacionales, ha expresado sus dudas respecto al posible éxito de este arreglo, toda vez que las negociaciones debían haberse hecho directamente con la OMC (Organización Mundial de Comercio), para la rectificación de aranceles, expuestos irresponsablemente por los negociadores del país en Marrakech (Marruecos), que realizaron la última fase de esta entrega que se inició en 1994 con la firma del Acuerdo Marco con los Estado Unidos.

Ahora con la rectificación arancelaria acordada con Estado Unidos, es país acepta el ingreso libre de otros productos incluyendo vegetales, lo cual acabará con los ingresos de miles de agricultores y comunidades nacionales, además, según estas mismas voces autorizadas, existe en agenda un acuerdo sobre comercio e inversiones con los Estado Unidos por lo cual se liberalizarían una serie adicional de productos y en actividades como la minería y muchas otras más, incluyendo las actividades financieras y principalmente especulativas o de corto plazo, si recordamos la conferencia dictada por un reconocido abogado defensor del capital extranjero, que durante el almuerzo de la Cámara Americana de Comercio reclamó reglas claras para el capital a corto plazo.

A pesar de todos estos inconvenientes, estos dogmáticos librecambistas, se rasgan las vestiduras para atacar al gobierno por haber decidido este paso ya que, según sus brillantes pensamientos, dicen que el país ha perdido el beneficio de conseguir productos a bajo precio, lo que afectaría según ellos a los consumidores nacionales, por las restricciones consideradas en la defensa de la producción nacional.

Cuando ellos usan estos argumentos, verdaderas falacias, desconocen cómo funciona la economía real o la economía física ya que solo se basan en los valores de mercado y no en los factores de producción, en este cao solo se basan en el fetiche del dinero.

Cualquier estadista mínimamente decente, sabe que en el caso de los alimentos no se puede hablar exclusivamente de precios, sino de un concepto muy amplio como es el de la seguridad alimentaria, que no supone ningún precio comparativo, porque lo único que puede hacer una nación para garantizar que su población pueda comer, sean las circunstancias que sean, es producir su propio alimento. Peor aun cuando quieren poner el ejemplo del programa PROCAMPO del ahora prófugo Carlos Salinas de Gortari en México, que destruyó la producción agropecuaria de tal manera que hoy en día se está importando hasta el maíz para las tradicionales tortillas mexicanas; después del fracaso mexicano no solo es una desfachatez insistir en el modelo, sino es una muestra clara de insanidad mental.

A pesar de esto, no hay momento libre en su proceso de destrucción del Estado Nacional, sea usando la cúpula empresarial, o parte importante de esta, como por las mismas agencias de los organismos internacionales, como el caso de la declaración del jefe local del BID, que, en un acto de injerencia, plantea que se debe aumentar los niveles del ITBI (Impuesto a la transferencia de bienes industrializados), algo realmente aberrante cuando vemos que con los consejos de estos señores, la población es cada día más pobre y la nación está cada vez más desprotegida. O de las mismas ONGs privadas y bien financiadas.

En el IV Foro empresarial que se realizó hace unos días en el país, se dieron el lujo de tener a una funcionaria de la desacreditada OEA para explicar las supuestas ventajas del libre comercio para las pequeñas naciones, y luego sigue la ofensiva de la tristemente célebre Fundación, que también empieza a pontificar acerca de los "beneficios" del librecambismo en las naciones pequeñas, y pone el ejemplo de Taiwán, como si fuera producto del librecomercio, decir eso significa desconocer la historia económica de los últimos 50 años de Taiwán, significa ignorar las políticas básicas del Kuomintang de proteccionismo y defensa del estado nacional, sólo así pudiera ponerse en condiciones de competencia mundial y propugnar por el librecomercio; ahora decir que Hong Kong es un ejemplo seguir es desconocer lo que ha sido este protectorado británico, centro financiero del narcotráfico, claro que entendemos que lo pongan de ejemplo ya que para los neoliberales no existen límites , ni les interesa saber de donde vienen los dólares, si son del arroz o de las drogas. Ahora a pesar de las airadas protestas de la Asociación de Industrias Farmacéuticas Dominicana INC., que reclaman protección, va a los grupos de la cúpula empresarial, al Foro de Cartagena, irónicamente a seguir los acuerdos de Miami de diciembre de 1994, en la natimuerta reunión que puso las supuestas bases para la zona de librecomercio para el 2005, esto ya murió e insistir en ello es no comprender la realidad.

¿Por qué piensan así estas gentes? Por que practican una doctrina social contraria a la de nuestra iglesia católica, es decir porqué siguen la Doctrina social de Satanás.

Aquí es donde empezamos a descubrir la esencia de su perversidad, de su maldad, el gran gurú es Bernard de Mandeville, el ideólogo de Adam Smith, de Frederick Von Hayek, de Milton Friedman o el dizque católico Michel Novak. Estas gentes están de acuerdo en decir que no se puede compatibilizar la moral cristiana con una economía libre, esto quiere decir que aceptan la usura, el narcotráfico, el esclavismo, todas factibles a través del librecomercio, este grupo de librecambistas se juntan en la llamada "Sociedad Mont Pellerin" que es el centro de la maldad y donde rinden tributo a Mandeville, lean una perla de este personaje "En una nación libre en la que no se permite la esclavitud, la riqueza más segura consiste en una multitud de pobres laboriosos...sin ellos no podrían existir placeres, y los productos de todos los demás países serían desconocidos. Para ser feliz una sociedad y tener contentas a la gente, aún en las circunstancias más humildes es indispensable que el mayor número de ellos sean, al tiempo de pobres, totalmente ignorantes. El saber amplía y multiplica nuestros deseos y cuantas menos cosas ambicione un hombre, mucho más fácil se satisfacerán sus necesidades o esta otra perla "Dejad de quejaros, solo los tontos se esfuerzan por hacer de un gran panal honrado...fraude, lujo y orgullo deben vivir mientras disfrutemos de sus beneficios" (De su obra El Panal Rumoroso o la Redención de los bribones).

O lo que declaró Milton Friedman en el programa de Phil Donahue "que la legalización de las drogas es una cuestión de conveniencia, no de principios". Lean también lo que dice el llamado "católico" Michael Novak "Ningún orden inteligente...se puede administrar en base a los preceptos cristianos. Una economía basada en la conciencia de algunos ofendería a las conciencias de otro. Una economía libre no puede...ser una economía cristiana. El tratar de administrar una economía conforme a los más altos principios, con destruirá tanto a la economía como la reputación del cristiano" ("El espíritu del capitalismo democrático").

O lean lo que dice el premio Nobel de Economía Robert W. Fogel (1933): "las economías de escala sólo fueron posible con el trabajo esclavo... Mientras más grande la granja, mayor el porcentaje de esclavos" ..." los esclavos negros fueron también el primer grupo de obreros entrenado en los ritmos de trabajo que caracterizarían posteriormente a la sociedad industrial "("Time on the cross: The economics of american negro slavery" escrito conjuntamente con Stanley L. Engerman),

Definitivamente necesitamos una economía cristiana, basada en la doctrina social de la iglesia, pero de los que estamos con el Papa Juan Pablo II, y no supuestos católicos como Michael Novak que presenta una herejía dentro de la iglesia.

EL TRABAJO ESCLAVO INFANTIL BASE DEL "ÉXITO" DEL LIBRE COMERCIO (*)

(*) abril, Cañabrava, SR, RD.

El fraude del librecomercio, continúa cayéndose por todos lados, y los distintos sectores sociales reclaman cada vez con mayor fuerza cambios alternativos, profundos y positivos para la sociedad.

Por más que se sigan intentando reuniones y foros de empresarios o de ministros de economía, como el último evento en Cartagena, es claro que los intentos por avanzar en el librecomercio, son cada vez más difíciles, porque no se han podido ponerse de acuerdo en lo esencial, por la sencilla razón de que la agenda de la conferencia de Miami de 1994, yace en el cementerio. Por todo el mundo se están desarrollando crisis sistémicas, ante la situación irremediable de quiebra total del sistema financiero internacional, producto de la usura del FMI y del Banco Mundial; dentro de este contexto es bueno hacer la diferencia conceptual entre la internacionalización de la tecnología y la globalización, que puede traer algunas confusiones cuando no se manejan en su justa posición.

Cuando se menciona que la globalización existe porque hay un salto tecnológico, por ejemplo, ahora con la existencia del fax, satélites, la autopista de la comunicación y demás, estamos confundiendo con un proceso invariante dentro del desarrollo humano, desde el pleistoceno hasta la actualidad el hombre ha ido mejorando su condición de vida con la innovación constante de la tecnología, desarrollada porque ha puesto en práctica la cualidad esencial de su mente, la creatividad. Así por ejemplo cuando descubrió las inmensas posibilidades del petróleo, produjo una conmoción social, que cambio en sentido positivo la vida de la raza humana, esto mismo sucedió cuando se desarrolló el aeroplano, que en menos de un siglo revolucionó el transporte, o en el caso de la energía nuclear, que creó cada vez más posibilidades de mejorar las condiciones de vida de la humanidad.

La cualidad esencial es que siempre de manera directa o indirecta la humanidad en su totalidad ha participado en estos logros, es decir siempre han estado internacionalizados cada logro de ciencia y tecnología, como lo hemos hecho con el fax, satélites, que además tienen más de 50 años de inventados y desarrollados, como lo tendrá en el futuro la llegada a Marte o las computadoras de quinta generación, con las posibilidades infinitas de los biochips, con el desarrollo de la fusión, es decir, el progreso humano tiene posibilidades infinitas con un conocimiento que tarde o temprano llega a todos los rincones del planeta.

Pero este proceso claro que garantiza que la sociedad tenga un desarrollo exitoso, no puede confundirse de ninguna manera con la globalización, que es sinónimo de un modelo pernicioso como lo es el neoliberalismo, y menos aun cuando se pretende crear que éste es un modelo "natural" y no producto de una conspiración del establishment oligárquico internacional, y que no ha avanzado más por los niveles de resistencia que ha encontrado a lo largo y ancho del mundo, principalmente encabezada esta resistencia, desde el punto de vista conceptual y de actitud, el movimiento de Lyndon H LaRouche y los Comités Laborales, que están marcando la historia de la resistencia de la raza humana contra la opresión oligárquica.

La economía globalizante, la globalización es signo inequívoco de una conspiración contra la raza humana, que pretende destruir el concepto de estado nacional, que socava el respeto a la dignidad humana por el fetichismo utilitarista del dinero; un sistema deshumanizante de la sociedad que pervierte al estado benefactor por un aparato utilitarista, en menoscabo de su propia existencia, significa desde el punto de vista filosófico aplicar las diabólicas ideas de Bernard de Mandeville, es en otras palabras aplicar la doctrina social de Satanás. Y si todavía quedan dudas, sólo hay que hacer una pequeña revisión de lo que está pasando en el mundo de hoy, que no nos deja otra conclusión que abrir un nuevo juicio de Núremberg contra instituciones como el Fondo Monetario Internacional, el Banco Mundial y los promotores de estas políticas.

EL PECADO DE LA ESCLAVITUD INFANTIL: ÉXITO DEL LIBRECOMERCIO.

Cuando se mencionan los éxitos del librecomercio, se pone como ejemplo a Chile, pero, cuando revisamos un poquito este modelo "brillante", nos encontramos que lo que más ha crecido es el trabajo esclavo infantil, con todo y esto la Sociedad Mont Pellerín se hincha el pecho con orgullo por este fraude total.

Según un informe que acaba de publicar La Comisión Económica para América Latina (CEPAL), en muchas partes de Iberoamérica, el trabajo infantil todavía es muy común y está aumentando. Pero de los datos que llaman la atención de manera espectacular es el caso de Chile, que depende en gran grado del trabajo infantil, Chile, supuestamente es el ejemplo del "éxito" de la política de libre mercado de la Sociedad Mont Pellerín en el continente.

La CEPAL informa que la tasa de infantes trabajando en Chile llegó a 6.2% (del número total entre 13 y 17 años), de 3.8% que era en 1987 y todo hace pensar que seguirá aumentando como lo demuestran registros más recientes. Lo irónico es que el jede del Fondo de Naciones Unidas para los niños para la región sugiere que los niños, trabajen en labores que los adultos no pueden hacer como en la mal pagada industria de los caramelos de frutos en la que los "deditos" de los niños son adecuadas para escoger y empacar; el colmo del cinismo.

En Brasil el número de niños trabajando aumento a 32%. En Argentina a la que se describe como un punto "brillante" en el informe, trabajo infantil cayó de 22% a 14% de 1980 a 1992, lógico si se comprende la terrible reducción de puestos de trabajos; se cree que en la región trabajan de 16 a 18 millones de niños, pero estos números podrían ser más altos, dice el informe de CEPAL, ya que "en muchos casos el trabajo de menores no se registra, por razones legales, y las estadísticas no incluyen a los niños menores de 12 años".

Pero esto no es solamente una cruel realidad en Iberoamérica, sino en el resto del mundo, que hace que podemos decir sin temor a equivocarnos que el FMI y Banco Mundial son los mayores esclavistas de la historia.

En la edición del 7 de enero de los corrientes, la revista "Far Eastern Economic Review" promotora importante del "milagro económico asiático", habla del trabajo infantil en Asia.

Menciona el caso de Delwar Hossain, un niño de 12 años, de Bangladesh, nación gobernada directamente por el FMI y el Banco Mundial. La revista simplemente corrobora lo que la prestigiosa publicación "Executive

Intelligence Review" (EIR) ha dicho varias veces: Hossain gana 20 dólares al mes trabajando mínimamente 72 horas a la semana en una textilera; es decir recibe aproximadamente 6.4 centavos de dólar por hora. También se menciona otro escandaloso caso de una muchachita que trabajara en una textilera 14 horas al día, por 14 dólares al mes o 3.8 centavos de dólar por hora. Pero para los ignorantes neoliberales, es un asunto de ventaja comparativa.

Las textileras de Bangladesh emplean ampliamente a menores de edad y el desempleo nacional llega al 35%. Los mismos empresarios dicen que muchísimos artículos vienen con el rotulado de "Hecho en la República Dominicana" o "Hecho en Corea", usan ese subterfugio de la etiqueta para luego reembarcarla con la cuota nacional, simplemente cambiando el etiquetado, para enviarla como parre de la cuota de importación a EU.

Casi toda la industria textil del mundo está aprovechando que Bangladesh tiene trabajo esclavo infantil; pero lamentablemente el artículo de "Far Eastern Economic Review" defiende explícitamente el trabajo esclavo infantil con el argumento de que se debe a la enorme pobreza de las familias, pero añade contento "Desde las fábricas de muebles de Manila, a las plataformas de pesca de Sumatra, el sudor y el sufrimiento de los jóvenes de Asia alimenta el crecimiento económico de la región", no puede haber algo tan desvergonzado.

La revista menciona estadísticas de UNICEF, según las cuales en India, Nepal y Pakistán hay más de un millón de niños que "se venden como siervos y trabajan en condiciones medievales".

También hay una gran demanda de niños en las industrias de servicio de Tailandia, pero algo que no dice "Far Eastern Economic Review" es que la mayor parte de las industrias de servicios es la prostitución, que según informes de la televisión norteamericana del día 10 de febrero, la mayor parte de las muchachitas que vienen de las zonas rurales son vendidas por sus propias familias para que pasen a la "industria" de la prostitución. El padrote que recibe a las muchachas le paga a la familia por adelantado y las muchachas tiene que trabajar para pagar lo que pago el padrote a las familias.

Esta horrible realidad del esclavismo infantil, es parte del "milagro" del librecomercio y la globalización, que conjuntamente con sus padres espirituales reunidos en la Sociedad Mont Pellerín, creen que hay que promover: la usura, el esclavismo, el narcotráfico, ya que sólo así funciona el libre comercio. Que viva el neoliberalismo: Doctrina social de Satanás.

LAS ELECCIONES DE LOS ESTADOS UNIDOS Y LAS ELECCIONES DE LA REPUBLICA DOMINICANA: UN CAMBIO FASE INTERESANTE.

(*) mayo 1996, Cañabrava, SD, RD.

Durante la presente campaña electoral en los Estado Unidos se ha desatado un terremoto político en las ideas prevalecientes del debate electoral. Las ideas supuestamente poderosas de hace un año, es decir las de la "revolución conservadora", que puso eufóricos a nuestros neoliberales del patio han quedado reducidas a su mínima expresión, y las que han ido creciendo son las ideas en contra del libre comercio y la globalización que imponen y definen el debate económico en un espacio cada vez más pequeño de tiempo, principalmente en los candidatos, que de no hacerlo corren el riesgo de morder el polvo de la derrota.

Esta situación es interesante, ya que demuestra en primer lugar, el poder de las ideas, estos resultados son inequívocamente consecuencia de más de 15 años de denuncias de Lyndon H. LaRouche y su movimiento, ya que estas ideas contrarias al libre comercio y globalización empiezan a ser tomadas en cuenta por figuras importantes dentro de la estructura del Partido Demócrata como el senador Edward Kennedy o Jeff Bingaman o de Tomas Dadschle o el líder de la minoría de la Cámara de representantes Richard Gerphart o como el caso de Pat Buchanan en el Partido republicano, sin tomar en cuenta sus posiciones confederadas, o también como la separación de las ideas de la "revolución conservadora" que hizo el candidato republicano Bob Dole.

La posición de Lyndon H. LaRouche es significativamente importante para el tercer mundo toda vez que lanzado como precandidato presidencial por el Partido demócrata ha alcanzado el 10% de los votos demócratas, es decir más de medio millón de votos, a pesar del boicot de la prensa, que lo ignora de manera permanente, pero sin embargo se siente su influencia después de participar, en tres presentaciones por televisión, en las cadenas CBS, ABC y NBC, ahora lo hará en la cadena FOX, el 2 de junio.

Tener influencia en el 10% de votantes demócratas, definen los resultados de una elección presidencial en los Estados Unidos, por lo que las definiciones que se tomarán en las convenciones de proclamación de los partidos

Demócratas y Republicano serán decisivas no solo para los Estados Unidos sino para el resto del mundo.

Pero adicional a esa revolución programática, existen otras acciones políticas en Estado Unidos, que están repercutiendo en exigir cambios, el cambio de dirección de los sindicatos de la AFL-CIO, con la llegada de John Sweeny, importante líder que defiende a los trabajadores, muy distinto al corrupto Lane Kirkland y la marcha del millón de hombres en octubre pasado, que creo más de 300 organizaciones que están exigiendo cambios para defender los ingresos de los estadounidenses, este año también habrá la marcha del millón de hispanos. Este gran debate en Estado Unidos, cuando menos a nuestras naciones les da un respiro, tanto por la presión política como por la presión para implementar el libre comercio y la globalización, las dirigencias dominicanas serían ciegas, que a pesar de todo esto sean, más papistas que el Papa y apliquen todas las medidas neoliberales con el consecuente perjuicio de nuestras economías.

Estamos en una fase de crisis del sistema financiero internacional, en la que estos mismos intereses de la usura promueven ideas orientadas a liquidar los estados nacionales, legalizar las drogas, liberalizar la economía que es la forma más expedita de controlar una nación, romper sus instituciones tutelares, como en el caso de Iberoamérica, que pretenden destruir las Fuerzas Armadas y la Iglesia Católica y para eso usan grupos nacionales, formaciones políticas, que tengan cierta raigambre popular para hacer efectiva su planteamientos, por ejemplo una institución dedicada a ese trabajo es "Diálogo Interamericano", formada por el Departamento de estado norteamericano, para precisamente implementar las políticas del Nuevo Orden; estas fuerzas se alían con los grupos izquierdistas, que ahora a través de las ONGs, reciben ingentes recursos en su tarea de debilitar el estado.

Por ejemplo, el caso del venezolano Teodoro Petkof, viejo comunista, que en su calidad de arquitecto de la política económica del presidente Caldera, en su papel de implementar las políticas de ajuste neoliberal, se da el lujo de declarar "Las únicas personas que tienen la credibilidad para poner en práctica medidas fiscales y monetarias duras son las de izquierda " (Wall Street Jornal").Como dice el viejo adagio jurídico " a confesión de parte, relevo de pruebas", este es el triste papel que está jugando la izquierda entre el neoliberalismo y el terrorismo, estas dos vías conducen a sostener el decadente sistema financiero internacional, conectado directamente a la oligarquía conducida por los británicos.

Es en esa perspectiva que se tiene que ver el proceso electoral dominicano, sometida a las más intensas presiones de la injerencia extranjera por colocar en la presidencia a su favorito. Fue tan grave y grosera esta intervención en 1994, que cuestionaron el legítimo triunfo el Dr. Balaguer. Lo irónico de esto fue que el gobierno norteamericano, para presionar usó el informe de Steven Solarz, un desacreditado representante norteamericano vinculado a la mafia de Hong Kong. Por estas presiones cortaron dos años al Dr. Balaguer, que legítimamente había ganado las elecciones de 94. Propiciando las elecciones con cambios como la doble vuelta, colegios cerrados etc. Y cuando todo parecía indicar que estaban condenados los dominicanos al candidato ad-hoc del Nuevo Orden Mundial; la providencia interpone en su camino a Leonel Fernández (*), y por esas ironías de la vida, todo parece que le Dr. Balaguer se retirará colocando lavanda presidencia al candidato del Nuevo Camino.

(*) Leonel Fernández, al final traicionó al Nuevo Camino

NO HABRÁN CONSUMIDORS SI NO HAY PRODUCTORES NACIONALES (*)

(*) ponencia en el "Primer simposio sobre los derechos del consumidor en República Dominicana" CONADECO. SD, RD.

Este fue el título de mi exposición en el "Primer simposio sobre los derechos del consumidor en República Dominicana" organizado por el Consejo Nacional de Defensa del Consumidor (CONADECO),y que pienso que es significativo porque sintetiza la naturaleza del enfrentamiento entre los promotores del "Nuevo Orden Mundial", que en materia económica han tomado como bandera la apertura económica, con el libre comercio y la globalización como instrumento doctrinario frente a un neoproteccionismo que posibilite real y efectivamente el desarrollo de nuestros pueblos y que sea una alternativa viable a estos desastres económicos provocado por la globalización.

La única métrica dentro de los conceptos económicos, válida para medir la existencia del desarrollo en una sociedad en "la mejora cualitativa de los niveles de vida de la población", otros conceptos usados por los seguidores de Adam Smith, sustentadas en las ya famosas variables macroeconómicas, como por ejemplo la tasa de inflación, la propensión al ahorro o la propensión al consumo o equilibrio macroeconómico, no pueden medir el desarrollo, ni siquiera con las mentiras que se dicen con los índices de ingreso per cápita, ni siquiera la teoría del valor-trabajo y sombra marxista pueden explicar el desarrollo.

Estos errores claves sobre todo en la economía de Smith han ido autodestruyéndose su conceptualización porque la realidad no es coherente con, sus señalamientos y por eso no pueden explicar el supuesto éxito de sus políticas, con la existencia de la pobreza, por ejemplo. De hecho, lo que tenemos hoy en día es que la apertura económica no sólo está acabando con los productores nacionales sino con los mismos consumidores.

No obstante, esto, los voceros de este demoniaco proyecto, lo presentan como algo bueno y natural para los consumidores, ya que según ss propios argumentos de los que lo sustentan, dicen que al permitir que lleguen productos de otras latitudes, sobre todo de países de mayor desarrollo, llegan productos de mayor calidad, mejor presentación y mejores precios que provocan un ahorro significativo en los bolsillos de los consumidores, por lo que este proceso , dicen dichos voceros mejoran significativamente el nivel de ingreso de las familias, sobre todo los más pobres. Demás dicen estos personeros que el proceso obliga a los productores nacionales, por lo general ineficientes a que mejores sus productos y reduzcan sus excesivas ganancias por sus tendencias monopólicas y si con todo esto no mejoran es mejor que cierren. ¿Hasta qué punto es cierto esto que aparece como una gran verdad para los neoliberales?

Es verdad que por lo general muchos de los productos que llegan de otras latitudes tiene precios más asequibles, y quizás tengan mejor presentación, esto se debe básicamente a las economías de escala, no es lo mismo fabricar para mil millones que para seis millones de personas, esto, necesariamente va desplazando a los productos fabricados nacionalmente, por lo que al sector productivo nacional sólo le quedan algunos caminos: que el gobierno les dé un plazo prudencial para que se pongan en niveles de competencia mundial, por decir 10 años, que se vean obligados a hacer nuevas inversiones, para lo cual tienen que hacer grandes esfuerzos internos con créditos e infraestructura industrial sin competencia internacional o que caigan en la influencia de las Naciones Unidas para implementar la mal llamada reconversión industrial, que con la reingeniería o la reducción a escala, diseñados explícitamente para eliminar puestos de trabajo y cargar de trabajo a los que quedan. Como los dos caminos no funcionan, principalmente el primero por presiones de estos mismos organismos, pues se da una tercera opción, que es la que está ocurriendo y que parece en caminar al sector productivo a su desaparición.

Muchos empresarios dominicanos ante esta situación están haciendo alianzas estratégicas, pero en la mayoría de los casos se trata de fusiones hostiles, es decir en contra de sus expectativas. Muchas grandes empresas dominicanas ya han transferido su propiedad a grandes empresas multinacionales, por ejemplo, como el caso de Unilever o de Colgate, que están adquiriendo empresas nacionales y muchas otras que están en agenda, lo que nos lleva a la conclusión que en este proceso de apertura y globalización se está produciendo una tremenda concentración de la riqueza en manos de unas cuantas empresas; como dijo Federico List: "el libre comercio solo es libre para los ricos pero esclavitud para los débiles".

Pero si bien, ponemos énfasis cómo funciona la concentración económica en el país uno debe preocuparse como se da esta a escala mundial y que mejor hacerlo en el caso de los alimentos, y cuando hablamos de estos, tomando como referencia los tipos de alimentos que necesitamos para la ingesta normal de la población como son: granos, lácteos, grasas, carnes, entre otros comprobamos que prácticamente hay un oligopolio conformado entre otros por: Cargill, Continental Grains, Bunge and Borns, Conagra, Louis Dreyffus, André, Archer Daniels Midland y otros pocos son dueños del 57% de la producción de alimentos, de la infraestructura de distribución que incluye: vagones, ferrocarriles, silos, barcazas, barcos, puertos, pero además controlan el 87% de la comercialización mundial.

Debemos sentirnos aterrados ya que si lo analizamos por ejemplo con respecto al estudio "Global 2000" ordenado por Jimmy Carter cuando fue Presidente de los Estados Unidos y otros más organizados por el "Club de Roma", en los que plantean que para el 2020 solo deben existir 3,000 millones de seres humanos o en el último informe sobre población de Naciones Unidas, comprendemos que el planteo explicito es eliminar la misma cantidad de serse humanos, por lo que con la existencia de ese control de los alimentos, estos se sarán como armas políticas y también lo ha planteado el tristemente célebre Henry Kissinger. Esto lo ha denunciado hace mucho Lyndon H. LaRouche por lo que creo que es tiempo los líderes del tercer mundo y demás naciones se convenzan de una vez por todas de las perversiones del libre comercio y la globalización porque atenta contra la raza humana.

HASTA LAS AUTORIDADES DEL FMI VISLUMBRAN EL DESASTRE DEL SISTEMA FINANCIERO INTERNACIONAL

1996

Días antes del inicio de la reunión de Grupo de los siete (G-7) en Lyon , Francia, en una conferencia dada por Michel Camdessus, Director General del Fondo Monetario Internacional(FMI) declaraba que "el sistema financiero mundial está hecho pedazos y hay una urgencia extrema en hacer un ajuste de tuercas", estas declaraciones fueron publicadas el28 de junio del presente año en el periódico "Folha de Sao Paulo", San Paulo, Brasil, en un artículo de Clovis Rossi, el cual se desempeñó como enviado especial en Lyon, lo interesante del caso es que casi toda la prensa mundial ignoró o pretendió ignorar las graves denuncias de Camdessus, que no es más que la propia demostración por parte del jefe del FMI de lo que por años ha venido diciendo Lyndon H. LaRouche, el único economista que venía advirtiendo con precisión acerca de la desintegración del sistema financiero mundial. LaRouche en, materia económica es irrebatible, los que no lo conocen deberían empezar a estudiarlo, todavía hay tiempo para educarse. En uno de sus últimos escritos, publicados en 1994 "El noveno pronóstico de LaRouche-La desintegración venidera de los mercados financieros", de manera precisa explica las características, de esta desintegración, que hoy dos años después, Camdessus no hace otra cosa que confirmar.

La respuesta del G-7 fue un documento de 17 páginas, en el que insisten ciegamente en la globalización y el libre comercio, pero ahora es un proceso mucho más forzado que hasta hace unos días, ya que crearon una entidad supra, supra nacional con el FMI y el Banco Mundial, la Organización Mundial de Comercio (OMC) y la ONU, es decir un verdadero proyecto unimundista, para el control total de las economías del planeta, con un proyecto de saqueo nunca antes visto, en un momento que la economía del mundo está en una etapa de desintegración.

Es la primera vez que esto ocurre esto a nivel internacional, pero es obvio que por esta decisión del G-7, el sistema financiero tiene graves problemas. Las declaraciones de Camdessus coinciden con el alarmante informe de la agencia de evaluación de créditos "Standard and Poor's" y con él hace poco conocido informe del Banco de Compensaciones Internacionales (BSI) de Suiza, una especie de banco central de los bancos centrales, que plantea na vigilancia a los sistemas financieros de los países en el supuesto de que son necesarios para que los países no caigan en nuevas crisis, ya que no suponen que no habrá sino que no saben en qué momento volverá a estallar, el mismo criterio del G-7,esta es la naturaleza de los problemas que está en camino de su desintegración.

Claro, cuando Camdessus habla de "ajuste de tuercas", es obvio que se refiere a mayor austeridad para las economías de nuestras naciones, mayores recortes presupuestales, mayor apertura económica y lo recalcan en el documento final de 17 páginas los mismos dirigentes de las economías más grandes del mundo, insisten en seguir desarrollando la globalización y el librecomercio, incluso hablan de las grandes oportunidades que estas provocan, pero advierten que estas mismas políticas generarán inigualdades y marginarán a muchos sectores sociales a lo largo y ancho del mundo.

Ante esta situación la pregunta a responder es sí existen otras alternativas de solución ante este cuadro de problemas, y podemos decir que sí, sólo hay que ver cómo están reaccionando sectores nacionales de distintos países, a pesar de las presiones prevalecientes, por ejemplo, en Brasil la Cámara de Congresistas del estado de Rio Grande do Sul, publicó lo que se llama el" Libro verde", cuyo título es "El hambre como arma política", da cuenta de la terrible concentración de poder de los cárteles cerealeros en nombre del libre comercio y cómo se puede usar esto como arma política siguiendo la vieja consigna del tristemente célebre Henry Kissinger. En Venezuela se ha constituido "FUNDAPATRIA", conformado por personalidades de 60 y 70 años, ante el fracaso de las jóvenes, víctimas del "consensualismo", luchan en contra de la privatización del petróleo, en México, cuyo modelo adquirió renombre mundial, después del colapso del 20 de diciembre de 1994, la población de México mira cada vez con más atención al Movimiento de Solidaridad Iberoamericana que ha creado lo que se ha venido a llamar el

"Foro e Productores Rurales", que está aglutinando cada vez más movimientos que incluyen pequeños productores manufactureros, usuarios de tarjetas, en general muchas manifestaciones de la población organizada, que el 19 de julio organizaron una actividad cuyo título fue, "Si hay vida después de la muerte del FMI", es el quinto foro realizado, y como consecuencia de ese trabajo es el proyecto para reactivar la economía sin el FMI, lo mismo bien sucediendo en otros países, como Argentina, que acaba de incluir el gato en su dieta alimenticia como consecuencia de las políticas neoliberales, algunos congresistas también han presentado un proyecto para reactivar la economía sin el FMI.

Pero, lo más importante está sucediendo en los Estado Unidos, específicamente en el estado de Pensilvania, donde el jefe de la bancada negra estatal Harold James y otros cuatro congresistas presentaron un proyecto de ley para poner un impuesto a las transacciones financieras, este impuesto sería de dos décimas del uno por ciento, es decir 0.20 centavos por cada 100 dólares, creando nuevos recursos que puedan parar los intentos de recortes presupuestales, como el dado por el gobernador, Tom Ridge, que pretende recortar los presupuestos de salud en 250 millones de dólares, que afectarían inmediatamente a 3,200 personas las que pueden morir y luego 220 mil personas, en el juicio de Núremberg se usó el término "Sabía o tenía que haber sabido" para acusar a los genocidas nazis y este gobernador en términos prácticos es un nazi.

Según el proyecto de ley el primer año el impuesto recabaría 10 mil millones de dólares más que suficientes para cubrir los presupuestos que se pretenden recortar sino también para mejorar las capacidades de dar servicios por parte del estado y cubrir los gastos de infraestructura para mantener una tasa decente de crecimiento de la economía física, muy distinta al llamado "Tobin tax", que sería un impuesto para proteger las actividades especulativas, lo cual no funcionaría ni siquiera para sostener el sistema financiero actual. Esta iniciativa de Harold James, es una alternativa viable que otras naciones pueden adoptar en lo que las tres naciones más grandes EU, Rusia y China resuelvan reorganizar el sistema financiero presente, nosotros parte de las naciones pequeñas tenemos que demorar lo más que podamos el implementar medidas globalistas y organizar esa resistencia ante la inminente desintegración del sistema financiero mundial, es la única actitud patriótica en el presente.

LA PRIVATIZACIÓN: SAQUEO PARA LAS NACIONES

1996

Una de las argucias más convincentes que usan los globalizadores es el de la PRIVATIZACIÓN, claro, se vende este concepto como respuesta a la ineficiencia intrínseca del estado, aunque es verdad en gran parte, las conveniencias de ésta superan los efectos dañinos de la ineficiencia. Para empezar, la gran solución es la de desprenderse de gran parte de estas empresas y tratar de salir de ellas cómo sea y cómo dé lugar, como lo hicieron en Argentina, Chile, México, para hablar de algunos países iberoamericanos y que supuestamente están a las puertas de un gran progreso, que la prensa cotidiana anuncia con mucho orgullo que están creciendo muy bien, como en México.

Y esto se lo creen, no sólo los personeros del neoliberalismo, sino también muchos dirigentes políticos y empresariales, que de una manera simplona piensan que desprenderse del patrimonio nacional es el camino más rápido y expedito para resolver nuestros problemas económicos, que solo requiere una ley de privatización y como lo dicen tan cándidamente, que exista una total transparencia en las operaciones de cambio de propiedad.

Esto es históricamente irónico, ya que hasta hace algún tiempo la clave del desarrollo supuestamente era la socialización de los medios de producción a través del estado y ahora lo es la privatización de todo lo que propiedad del estado, una especie de comunismo al revés. Si fuera así de sencillo, en estos momentos los promotores de la privatización tendrían que haber alcanzado niveles de desarrollo acelerado, me refiero a Gran Bretaña de Margaret Thatcher y los Estados Unidos de Ronald Reagan y George Bush, sólo hay que preguntarles a los trabajadores británicos y norteamericanos acerca de su situación material, sin considerar otros ejemplos más infaustos en el mundo entero.

Entonces la pregunta más adecuada sería ¿Por qué la privatización? Si usted amigo lector se pone en el papel de un inversionista, extranjero mejor para nuestro caso, desde el punto de vista del uso de sus recursos usted siempre deseará invertir en proyectos nuevos, que, si responda a su más absoluta y completa información y evaluación del proyecto en ejecución, es decir casi cien por ciento confiable, además, sí representa una verdadera movilización de recursos al más alto nivel que se pueda sentir en la economía de manera directa y medible, por lo que la única razón para que usted se meta en comprar empresas viejas y deficitarias, es porque se la están dando a precio de regalo o porque le dan una actividad cuasi monopólica que es el principal problema por lo que atraviesa el mundo con la privatización, sobre todo en las naciones más pobres, en la que las políticas del nuevo orden mundial, pretenden quitarle a los estados lo poco que tienen sobre la base al culto utilitarista de la economía, que no se preocupan en lo más mínimo en preservar la calidad de vida de millones de ciudadanos de cada nación.

Ya en otros artículos he explicado la naturaleza de la privatización, y creo que vale la pena repetirlo, que ese viejo proyecto que implementó Margaret Thatcher, Ronald Reagan y George Bush se inscribía como la estrategia de los banqueros que, en 1984, en Vail, Colorado, con la presencia de Henry Kissinger, se dieron cuenta que era técnicamente imposible cobrar la deuda de las naciones del tercer mundo, ya que por la forma tan usurera que se manejó esta, había puesto en una situación casi de quiebra a estas naciones y que una de las maneras de hacer factible ciertas formas de cobro sería a través del canje de deuda por activos, este concepto se fue desarrollando tanto que creo una amplia gama de posibilidades como el canje de deudas por naturaleza, por ecología, por servicios, por empresas hasta llegar una de las formas más sofisticadas que es el saqueo mismo de los fondos de pensiones de los trabajadores.

Esta última forma es la que ha sostenido el supuesto éxito de la economía chilena, que ha forzado el "ahorro interno" de los trabajadores chilenos hasta 25 mil millones de dólares, que usa el sistema financiero chileno, y que en el mes de septiembre pasado perdió 1,000 millones de dólares porque estos fondos se usaron en la especulación financiera, este ejemplo también se quiere esparcir por todo el mundo.

¿Qué está pasando con nuestras naciones? Todo se privatiza para que se pueda cobrar la deuda y sin embargo quedamos más endeudados, sin nuestras empresas y con un aumento acelerado de la pobreza, además de esto pretenden que debemos reducir la población, eliminar nuestras fuerzas armadas, eliminar la iglesia católica, sobre todo en Iberoamérica y entrar en un proceso de recolonización.

Es en esta perspectiva que debemos entenderé la privatización dentro de la globalización, no es un proceso tecnológico sino un proceso económico impuesto por la oligarquía financiera internacional que tiene nombres y apellidos.

México ha entregado cientos de sus empresas, igual que Chile, Argentina, Perú, Bolivia, Rusia, Polonia ¿Y que han obtenido a cambio de ella? Solo más pobreza. México que el 85% de su población tiene un ingreso per cápita diario de 40 centavos de dólar, qué se puede comprar con ese dinero, nada, sin embargo, en la lista de los quince billonarios que publica la revista "FORBES", cinco son mexicanos, esa es la globalización y el libre comercio, que está provocando la mayor concentración de poder económico que se haya visto en el mundo en los últimos decenios. Que irónico resulta escuchar a Enrique Iglesias y a los otros burócratas dorados del BID decir que todo está bien y que lo púnico malo es que aumenta la pobreza como si la pobreza fuera un proceso generado fuera del contexto de las medidas que estos organismos nos recomiendan y obligan implementar; su mejor logro ha sido asegurar los índices de pobreza de la población y el aumento acelerado de esta.

Por lo que está ocurriendo en el mundo, la globalización y uno de sus instrumentos, la privatización, no es la vía o alternativa apropiada para nuestros países, todos hablan de las empresas del estado, pero estos mismo promotores de la privatización, no se atreven a hacer una evaluación de la empresas productivas privadas que están tanto o peor que las empresas del estado, y que están siendo víctimas de compras hostiles o venta de sus empresas en las peores circunstancias, y otros tratan de hacer arreglos para que sus empresas no queden destruidas ante la supuesta inevitabilidad de la apertura económica, estos mismos promotores de la privatización que en las universidades que dirigen, exigen al estado que les perdona las deudas producto de su fracaso como administradores eficientes, son los que se rasgan las vestiduras para que privaticemos todo, creo que habría que incluir a INTEC y UCAMAIMA, en el proceso de privatización, esto va más allá de un "managment" privilegiado.

Entonces la pregunta obligad es ¿Qué debemos hacer? si somos un país pequeño, si las presiones contra el ejecutivo son grandes, por ejemplo, cuando la embajadora presiona para implementar algo que está muerto como las conclusiones de la "Cumbre de las Américas de Miami", o cuando hay presiones y chantajes para entregar partidas de préstamos como lo hacen el BID o el Banco Mundial sino se privatiza primero el CEA, CDE, CORDE. Cómo reaccionar ante este tipo de situaciones. Hay que tomar en cuenta primero que el sistema financiero internacional se cae a pedazos y no ya porque lo diga Lyndon H LaRouche, sino que lo ha dicho ni más ni menos que Michael Camdessus, Director General del Fondo Monetario Internacional (FMI), en la última reunión del G-7 en Lyon, Francia, sus palabras fueron "el sistema financiero mundial está hecho pedazos y hay una urgencia extrema de hacer un ajuste de tuercas", esta es la pauta que debe guiar nuestras decisiones, es decir como resistir, no una resistencia tipo anacoreta sino una resistencia en términos de plazos, acciones, movidas estratégicas, que permitan demorar lo más posible caer ante las presiones del poder extranjero en nombre del nuevo orden mundial; es verdad que la nación tendrá que hacer concesiones, pero pensando que en el término de las distancia el sistema se bien abajo irremediablemente, y si no creen que esto fracasó, debemos preguntarnos , donde están los líderes que decidieron incorporarse totalmente por el camino de la globalización, solo dos ejemplos , Carlos Andrés Pérez y Carlos Salinas de Gortari, claro Carlos Menem casi los está siguiendo, éstos están en el basurero de la historia y sus naciones empobrecidas; mirándonos en estos espejos comprendemos que no estamos comprando el cielo incorporándonos a la globalización, tal vez si algunos boletos para el infierno.

La partida está echada y ahora liberación nacional es defender la existencia misma de la nación soberana y libre como se hizo hace 133 años.

EN DEFENSA DEL PATRIMONIO NACIONAL: A propósito de la ley de reforma de la empresa pública. (*)

(*) 1996

El jueves 19 de los corrientes, ser realizó en un céntrico hotel en Washington una conferencia de prensa organizada por "Executive Intelligence Review" (EIR) en que se presentó el nuevo informe especial ¿De ser presidente de los EU, enjuiciaría Bob Dole al supercapo George Bush? Este informe de 120 páginas, abre una exposición detallada y enriquecida de las revelaciones que hace poco publicó el diario "San José Mercury News" de California, de que el gobierno de Reagan y Bush, como parte de la guerra secreta en América Central, ayudó a inundar de crack, una forma especialmente dañina de cocaína, las calles de Los Ángeles. Las pandillas conocidas como Los Crips y los Bloods vendieron toneladas de la droga, y las ganancias se destinaron al financiamiento de la Fuerza Democrática Nicaragüense (FDN), el principal grupo de los contras. Como dice el periodista de "Excélsior" en México el 23 de septiembre, "esto puso en evidencia que el narcotráfico fue una política oficial del gobierno estadounidense, comandada por George Bush, primero como vice presidente durante el mandato de Ronald Reagan y después cuando ocupó la silla presidencial en la Casa Blanca.

Bajo la bandera de la "democracia", Bush su todo el poder político de Estados Unidos para las naciones como Bolivia, Perú, Colombia, Panamá, Costa Rica, El Salvador y México, hicieron posible el paso de cocaína "crack" a territorio estadounidense y tan solo en Los Ángeles, ciudad inundada con ese enervante, diario obtuvieron de 2 a 3 millones de dólares para financiar a la contra.

Para lograr la aplicación de esa política, Bush contó con la crisis de la deuda externa creada mediante la usura por el sistema financiero internacional. para que el FMI impusiera el modelo de austeridad y dejase de llegar fondos a esas naciones. Estas instituciones pretenden hacer ver a la comunidad mundial tráfico de enervantes como un mal con el cual se debe convivir en la "nueva era". Sin embargo, ya no hay duda que el sistema financiero actual depende del flujo de dólares del narcotráfico; esa es su adicción y por ello reclaman la desaparición de las soberanías nacionales, de las fronteras. Con la economía de mercado, cuya máxima divisa es que el éxito radica en "no confiar en la gente, sino en ponerle precio", los neoliberales se preparan para hacer prosperar su proyecto de legalizar la producción y consumo de estupefacientes. Por eso vemos a gentes como Milton Friedman y sus colegas de la "Sociedad Mont Pellerín", más otros profesores de Harvard abiertamente promoviendo la legalización de las drogas.

El caso de George Bush ejemplifica la catadura moral de los que están dirigiendo en el mundo la implementación de la globalización librecambista, y en el caso de Iberoamérica, la paternidad de estas medidas recae también en este expresidente norteamericano. Si estos son sus líderes, cómo se podrá creer que las políticas económicas que ellos promueven serán benéficas para nuestros pueblos, es en esta perspectiva que hay que entender la magnitud de la crisis económica de nuestras naciones.

Por eso cuando se habla de la crisis de las empresas públicas y los servicios que brinda el estado, debemos empezar a entender que no son estas las que ocasionan las crisis económicas prevalecientes, sino son las consecuencias de las políticas de endeudamiento externo de casi veinte años en contra de nuestras naciones, que han obligado a procesos de austerización en contra de sus habitantes que de manera sistemática han visto reducir su calidad de vida a niveles parecidos a los de un campo de concentración nazi. Estas políticas del FMI y otros organismos internacionales han destruido la capacidad de desarrollo de los pueblos, que han mediatizado y permitido la destrucción no solo de la propiedad estatal, sino del mismo estado nacional para satisfacer el viejo proyecto de la oligarquía financiera para recolonizar las naciones impulsando el libre comercio a escala mundial a través de la llamada globalización.

La globalización con lo que menos tiene que ver es con el avance tecnológico, sino ni las "maquiladoras" ni las "reducciones a escala "serían sus argumentos principales. Ésta es independiente a la internalización de la tecnología, que es un proceso perpetuo en el desarrollo humano desde inicio de los siglos de la vida humana, por lo tanto, es un error conceptual incorporar los avances del momento presente en materia tecnológica, nada más hay que pensar tal vez lo que hoy es avance en menos de dos años será obsolescencia, dependiendo claro está , del sector tecnológico en que se está desarrollando, generalmente por políticas dirigistas de estado o de corporaciones gigantescas que también tienen políticas dirigistas, en este proceso no hay "tercera ola" que valga; quizás siguiendo esa lógica se dirá acaso que la globalización es obsoleta, no funciona así; el modelo basado en la globalización es el libre comercio, que pretende formar un gobierno unimundista, por ejemplo usando la ONU y su distintos brazos como el FMI,BM, que al final acabarán imponiendo políticas de control total de la economía de nuestras naciones; por lo tanto es obvio que incorporarse lo antes posible a la globalización es un riesgo que se puede pagar caro, sólo hay que ver como la están pagando Carlos Andrés Pérez, Fernando Collor o Carlos Salinas de Gortari.

Por otro lado, sabemos que la burbuja financiera mundial está por estallar por más que agencias como el mismo FMI y otras   sigan obligando con los más descarados chantajes que las naciones se supediten en materia económica a ésta; por lo que más bien existe el alto riesgo que estalle pronto, sólo miremos a Rusia, México, Argentina, EU, Japón, Alemania etc. Por lo que es mejor ser prudente y demorar lo más posible en incorporarse en este proceso de irremediables consecuencias.

Ante esta situación, si queremos hablar de desarrollo, hay que asumir ciertos factores básicos, primero que el crecimiento poblacional es natural, por lo tanto, sabemos que las necesidades de la población irán en aumento, más alimentos, más viviendas, más energía, más educación etc. Y no solo en términos cuantitativos sino cualitativos lo cuales justo, no solo resolver, sino que es la esencia de un estadista. Pero que es lo que se observa, en lugar de crear y aumentar nuevas unidades productivas o más servicios esenciales a la población, agentes externos a través de múltiples presiones nos quieren obligar a deshacernos de lo poco que tenemos, por un asunto secundario de mala administración y falta de controles, asumen que la única solución es venderlo todo; esto no es coherente con una verdadera economía política que se oriente al desarrollo, es decir que en lugar de desarrollar más unidades de producción o servicio, la lógica de la presión unimundista nos lleva a tomar decisiones contrarias al proceso de desarrollo entregando las empresas y servicios del estado a terceros en nombre de una supuesta eficiencia que ni en los mismos sectores privados existe.

Si el problema fuese de simple administración, no sería problema, solo entendemos la magnitud de la crisis, si entendemos la crisis sistémica de las finanzas mundiales en las que el endeudamiento y la usura están destruyendo la capacidad de producción casi a escala mundial en los últimos 25 años, por lo tanto, la razón fundamental para deshacernos de las empresas no es una necesidad nacional perentoria, sino una necesidad de las instancias acreedoras internacionales para seguir saqueando lo poco que queda en nuestras naciones y alargar el irremediable fin de esta sistema, de ahí la necesidad que tiene estos de forzar en el periodo más corto posible a conseguir el control económico y político de cada estado nacional que les posibilite que a pesar que el sistema se colapsa, ellos puedan quedar en control colonial de éstas.

El problema de las empresas y los servicios del estado se ubican en un escalón secundario del problema general de la deuda y las políticas neoliberales del FMI este si pueden ocasionar un estallido en los pobres como ocurrió en 1984 y como en estos momentos ocurre en Argentina, Bolivia, Perú, Chile etc.

CASO DOMINICANO

En la evaluación que se hace de los tres complejos estatales que quieren transferir, hay problemas de tipo metodológico, que redunda no solo en una visión negativa sino desesperanzadora, como si se quisiera crear un ambiente en que no quede otra alternativa que solo sea la privatización a pesar de la ley de reforma de la empresa pública.

Por ejemplo, la Corporación Dominicana de Electricidad (CDE), ya existe hasta una Ley General de Electricidad, pero no sabemos si hay respuestas a varias preguntas claves. Tómese en cuenta que el problema energético tiene más de 20 años, ya hay una generación de ciudadanos que no conocen 24 horas de energía seguida, no es verdad tampoco que privatizando la CDE se resolverá de manera automática el problema de los apagones.

Por lo que estamos en un momento histórico en cuanto al manejo y solución del problema energético esto se traduce a que como el estado es responsable del destino de sus ciudadanos se debe definir cuáles serán las necesidades energéticas para los próximos 30 años, como una forma de definir las acciones inmediatas, estas necesidades solo pueden ser definidas si se tiene una idea de la tasa de crecimiento de los sectores productivos en ese lapso, más las necesidades de la población en condiciones normales de vida más la mejora de la densidad energética que refleje una mejor calidad de vida, más las necesidades energéticas para los servicios esenciales de la sociedad, más cuando menos un 50% de la capacidad instalada como reserva estratégica con fuentes de energía de alta productividad y al costo más barato, necesitamos para el largo plazo pensar como gente de naciones desarrolladas, es decir en la alternativa nuclear, única que cumple con todos estos prerrequisitos, esto a pesar de la estupidez de algunos profesionales brillantes pero con mentalidad subdesarrolladas. Solo teniendo resueltas estas interrogantes se sabrá lo que se tiene que hacer inmediatamente.

En lo que respecta al Consejo Estatal del Azúcar (CEA) si nos llevamos por los criterios expuestos por los evaluadores, tendríamos no solo que cerrarlo sino venderlo aprecio vil.

Pero ́como puede desarrollarse este complejo si está totalmente sometido a los cárteles alimenticios como Cargill, Continental Grains, André, Louis Dreyffus etc. y otras subsidiarias de los contratos 10 y 11 de las bolsas de Londres y Nueva York. La preocupación de la dirección tradicional del CEA ha sido producir azúcar cruda y con esto lamentablemente sometida a esos cárteles alimenticios que por lo general le financian la producción futura.

Y es tiempo que tengamos que hablar del Consejo Estatal de la Caña, en la perspectiva de una pujante diversificación industrial en la que muchos proyectos que están engavetados se puedan implementar que haría que no solo la industria de la caña sea la columna vertebral de la economía, sino el esqueleto, con proyecto tecnológicos superiores que daría trabajo a 10 veces al personal que trabaja actualmente y mejores ingresos. Este asunto ha sido tan descuidado que en ninguna universidad por ejemplo existe la carrera de ingeniería de la caña o azucarera, en este caso tecnólogos o químicos azucareros.

Solo con aumentar la producción de azúcar refinada ya es un salto, pero de eso nadie habla y menos los expertos.

El CEA debe volver a ser la entidad bendita de la economía dominicana con un modelo de diversificación, ampliación y modernización para adquirir competencia mundial no solo en azúcar sino en productos de mayor valor agregado y grandes demandas en el mercado mundial como papel periódico, fertilizantes, alcoholes especiales, furfural etc. Pero sería un crimen despedazarlo, solo véase lo que ocurrió hace 12 años en Montellano o los cambios en Villa Altagracia para sembrar piñas y naranjas rompiendo la tradición de los terrenos especializados en caña, sin observarse ningún resultado distinto para la nación.

En lo que se refiere a la Corporación de Empresas Estatales (CORDE), talvez sea distinta la situación por la variedad de empresas que la integran por la situación de algunas de ellas que no componen ningún rol estratégico en la economía, talvez e es donde mejor se puede cumplir la ley de reforma de la empresa pública, fortaleciendo estas empresas, empezando talvez por las que están paralizadas.

Nunca como hoy preservar el patrimonio nacional es un deber nacional y es parte de la lucha por la liberación nacional contra la recolonización.

LOS PRIVATIZADORES QUIEREN SALIRSE CON LA SUYA EN REPÚBLICA DOMINICANA (*)

(*) 1996

Es una de las cosas más inauditas lo que está ocurriendo en nuestro país, y todo después que el Dr. Leonel Fernández ganara las elecciones, y es la forma como los arquitectos del Nuevo Orden Mundial y sus ejecutores han desatado una ofensiva total para copar al nuevo presidente y su principal equipo de gobierno, para poder imponer el recetario neoliberal, que en nombre de una mal llamada reforma del estado, pretende desmantelar todo el patrimonio nacional que está en manos del estado, así como abrir nuestros mercados a la voracidad de los poderosos monopolios internacionales, que completen la destrucción de nuestros sectores productivos.

Dese el día siguiente que ganó las elecciones, hemos sido testigos de la forma como se le está presionando tanto interna como internacionalmente para que ejecute el programa, por suerte ya desprestigiado, del neoliberalismo. A los días que ganó las elecciones, ya Enrique Iglesias, jefe del BID, conjuntamente con la Fundación Siglo XXI, le organizaron un seminario, en Casa de Campo, La Romana, para supuestamente entrenarlos en el manejo del poder y las reformas a los dirigentes del nuevo partido gobernante, en un seminario intensivo, en que trajeron una serie de personajes como el contralor boliviano, que dijo que solo obedece las órdenes del Jefe del BID o un ministro de Finanzas de El Salvador, que promovía la total apertura de las naciones, y claro ponía el ejemplo de su país; pero en estos días otra vez vino Enrique Iglesias y no solo siguió insistiendo con la privatización y apertura, sino a traer dinero, para que vea le Presidente que lo está ayudando, dio un préstamos de 54 millones para educación, él supuestamente vino a un Foro de ciudades hermanas, que amor el de Iglesias a la República Dominicana. Pero no solo desde el BID se está abriendo fuego, sino desde los mismos centros de poder mundial, como la embajada y sectores norteamericanos, organismos internacionales como la ONU a través del PNUD y el gobierno británico.

En el caso norteamericano principalmente a través de la AID, con su directora Marilyn Zack a la cabeza está desarrollando una labor de copamiento en todos los niveles del gobierno, ofreciendo el oro y el moro, como por ejemplo la reciente donación de más de 200 mil dólares para la reforma judicial y muchas actividades más, todos los días llega una comisión extranjera patrocinada por estos organismos, imagínese no más el tipo de presiones que debe estar recibiendo el Dr. Leone Fernández.

En días pasado llegó otra comisión de seis burócratas dorados de Naciones Unidas con la agenda de la reforma del estado, entre los reformadores, hay uno que se destaca, que pasó casi desapercibido, Juan Rial, uruguayo, co-autor del "Manual de Bush..." preparado para destruir las fuerzas armadas de Iberoamérica, lo único que nos puede enseñar este señor en cuanto a reformas del estado es destruir las fuerzas armadas, tiene que quedar muy pero muy claro que esto no es una conspiración, es una coincidencia rara. Como también es una coincidencia rara. Como también es una coincidencia rara que se quiere separar al Dr. Balaguer del gobierno, cosa que viene intentando en "New York Times" desde hace algún tiempo, ahora lo hace gente cercana al Foro de Sao Paulo, a través de una querella contra el Dr. Balaguer, de manera que también a ese nivel se pueda separar a estos aliados estratégicos, como también lo quieren hacer algunas fuerzas pro terroristas, que quieren pescar a rio revuelto en esta crisis económica pero que juegan a favor de los mismos intereses oligárquicos.

Villas y castillos, dinero a manos llenas, todo le ofrecen para que el D. Leonel Fernández se incorpore ya a la globalización, pero la población dominicana, cree firmemente que él sabrá capear el temporal.

Por la AID, se hace venir a una serie de economistas, supuestamente "exitosos" como Arnold Harberger, Carlos Bologna, también llegará Jeffrey Sachs, así como los británicos traen a Peter Benton y a Carlos Montoya, pero estos personajes tienen el desgraciado curriculum de haber destruido naciones enteras, y sobre todo que después han hecho negocios con las medidas que han implementado.

Por ejemplo, el caso de Jeffrey Sachs, el mismo que creo una narcoeconomía en Bolivia, el mismo declaró que si era posible que después de sus reformas algunos mineros se conviertan en cocaineros, luego destruyó Polonia, dicho sea de paso, que fue el responsable de la derrota de Lech Walesa, que dejó de defender a sus ciudadanos como lo hizo con "Solidarsnoc", por seguir los conceptos del capitalismo salvaje de Sachs cuando estuvo en el gobierno. Este mismo Jeffrey Sachs va luego a Rusia y también destruye la economía, sin embargo, viene precedido de una supuesta fama, mientras los privatizadores locales creen que ya tiene del cogote al gobierno para que todas las reformas puedan ser ejecutadas a la mayor brevedad, cualquier indicio a seguir al pie de la letra estas asesorías deberían hacer ver al presidente en los espejos de Carlos Salinas de Gortari, Carlos Andrés Pérez, Fernando Collor de Mello o a Lech Walesa.

Carlos Bologna es un caso espeluznante, fue propuesto como Ministro de Economía por John Reed del City Corp, y convenció al Presidente Fujimori para implementar el programa neoliberal, que tanto sufrimiento está produciendo en la población peruana, tanto como el terrorismo de Sendero Luminoso. Este señor Bologna que en sociedad con Hernán Bucchi ex ministro de economía de Pinochet compraron la deuda peruana en el mercado secundario al 5% y la vendieron al 72% con ganancias del siglo, y luego como ministro privatizó las pensiones de los trabajadores peruanos, para luego crear una entidad que administre esos fondos de su propiedad, muestra la catadura de estos personajes, por suerte en estos momentos los trabajadores peruanos lo están enjuiciando por estafa de sus fondos de pensiones, este mismo Calos Bologna que pretende ser candidato a Presidente en el 2000, ha creado el Instituto de Libre Empresa, con fondos a manos llenas del "Proyecto Democracia", y se dedica a promover estas concepciones oligárquicas, además conjuntamente con los llamados "jóvenes turcos", un grupo de neoliberales tienen una revista "AMA-GI" (No seas así), en la que promueven abiertamente la legalización de las drogas y el homosexualismo, sin embargo son los sabios de los que recomienda la Agencia Internacional de Desarrollo y su directora Marilyn Zack, es el mismo caso del viejo Harberger que es el padre putativo de muchos economistas neoliberales que están en posición de dirección en las naciones. Los británicos que se la tiene jurada a la Republica Dominicana, después del discurso del 27 de febrero de 1994 dado por el ex presidente Joaquín Balaguer ante a la Asamblea Nacional, dentro de sus muchas actividades que han desarrollado ahora organizaron un seminario sobre la experiencia británica en privatización para lo cual trajeron a varios expertos, entre los más notables está Peter Bentson y el peruano Carlos Montoya, que se promovió como el único latino en la conferencia. Peter Bentson pertenece a Coopers & Lybrant, empresa consultora de la CDE y que desde años atrás viene recomendando la privatización, y claro, hablo del gran éxito de la privatización británica, y que además dijo que había mucho interés por parte de empresarios británicos en "ayudar" a los dominicanos en su desarrollo.

Pero, lo más escandaloso fue la participación de Carlos Montoya, quién también hablo del supuesto éxito de la privatización en el Perú y de la economía peruana, de las 94 empresas que han generado poco más de 9 mil millones de dólares, pero hay cuestiones claves que Carlos Montoya no dijo, sobre todo la terrible realidad de lo que hoy están asando en la economía peruana como en esta semana denunciara la revista empresarial peruana "Solo negocios" que en su titular habla de una alerta roja en el sistema financiero peruano, esa es la realidad, , sin embargo Montoya habla de un éxito que solo existe en sus bolsillos. El señor Montoya no dijo que después que se privatizó la telefónica por 2 mil millones de dólares, el Perú cuenta con una de las tarifas más altas del mundo y que los españoles piensan en recuperar sus inversiones antes de tres años, que viva la "piratización", eso no se puede llamar privatización. Lo que no dijo Montoya es que según la Constitución del Perú lo que se recabe por la venta de las empresas no se puede dedicar al pago de la deuda externa, y los dineros están en bancos suizos y de otras naciones, ganando bajos intereses, sin embargo, si se puede hacer para ciertos gastos corrientes pero el engaño esta que son como gastos corrientes algunos pagos de la deuda externa. Esta es la cruda realidad de otro de los expertos, dicho sea de paso, trabaja en un banco británico, después de ser el Director Ejecutivo de la Comisión de privatización (COPRI) Perú, ahora es presidente del Banco británico Fleming Latín Pacific Perú S.A. además es íntimo de Jeffrey Sachs al que llevó al Perú para recomendar la privatización.

Más aun todas las acciones que realizó el Presidente Fernández en Naciones Unidas, principalmente su declarada lucha contra el narcotráfico, puede fracasar, ya que, si se apoderan de la economía estos miembros de la sociedad Montt Pellerín, ya que estos promotores, no solo del libre comercio sino también son promotores de la legalización de las drogas, como lo es por ejemplo Milton Friedman a nivel internacional y los librecambistas de patio.

Por lo que el Presidente y su equipo deben estar al tanto y sobre todo de su significado; por eso no deben olvidarse el comentario del Dr. Julio Hazim cuando dice que no se puede hacer visita a los barrios pobres, si se les va a dar un tablazo a esa gente en nombre de las nuevas medidas de reforma del estado. La lucha continua.

MODELO DE PRIVATIZACIÓN. LA ESTAFA DE LA PRIVATIZACIÓN

(*) 1996

Ponencia presentada por el autor en el "Seminario –Taller: PERSPECTIVAS DE LA AGROINDUSTRIA AZUCARERA DOMINICANA", con la participación de muchos invitados internacionales, organizado en la Universidad Autónoma de Santo Domingo (UASD).

"En un excelente artículo aparecido en el periódico mexicano "Excélsior", el 4 de noviembre del presente año, el analista financiero José Neme Salum, publicó un artículo en que se pregunta "¿Todos son Larouchistas?", para referirse a las últimas declaraciones de los principales jerarcas de los organismos financieros internacionales, como el caso del Michael Camdessus, Director del FMI, que ya en Lyon, Francia, durante la última reunión del G-7, en septiembre había dicho que "el sistema financiero está hecho pedazos y que una urgencia extrema en hacer un ajuste de tuercas", lo cual volvió a reiterar en la última reunión anual del FMI y el Banco Mundial en Washington y además agregar de manera casi histérica ante la prensa allí reunida, que no se podía esperar otra crisis como la de México:!Es intolerable! Dijo.

Cuando Camdessus habla de ajuste de tuercas hay que entender que se trata de una mayor injerencia en el control de las economías nacionales por parte del FMI para cumplir su agenda neoliberal; meses atrás, Jeffrey Sachs estaba proponiendo un tribunal de quiebras para las naciones deudoras esto de por si es inaudito en las relaciones económicas entre los estados. Neme Salum también menciona a Rimer de Vries, ex empleado de alto nivel del banco J.P. Morgan que, en la citada asamblea del FMI y Banco Mundial, advirtió que cuando ocurra un nuevo estallido financiero no habrá in nuevo paquete como el que se aprobó para México, acuérdense que ha México se le dio 50 mil millones de dólares para su rescate a principios de 1995, que van a dejar que trascurra el impacto internacional del estallido; también el mismo artículo menciona las declaraciones del Secretario General del FMI, Lee Van Houten, en Argentina cuando declaró "el problema bancario se ha generalizado en muchas regiones en los últimos meses y estamos viendo que los problemas emergen de los llamados "tigres asiáticos" " ;por último el artículo menciona las declaraciones del Director del Banco Mundial James Wolfenhson cuando dice "en el momento actual es tan grave la situación de las naciones, que de cada cinco países hay uno que tiene su sistema bancario en quiebra" ,Neme Salum como se observa, está siguiendo muy de cerca lo que pasa en el mundo real de la economía, y que a pesar de todas las palabras sobre el supuesto éxito del libre comercio y la globalización, los mismos jefes de los organismos internacionales que manejan las decisiones económicas a nivel mundial admiten que el sistema financiero está al tris de explotar y esa explosión se iniciará en el sector bancario. De ahí el título del artículo ya que esas opiniones coinciden con el análisis que desde hace mucho tiempo viene diciendo Lyndon H. LaRouche economista físico y estadista norteamericano, que h sido el único que por años ha venido señalando, no solo la naturaleza de la crisis mundial sino alternativas inmediatas de solución, para evitarle males mayores a las naciones en desarrollo. Desde 1994 LaRouche en uno de sus escritos más famosos "El noveno pronóstico", ya exponía en detalle como la especulación financiera ha creado una gran burbuja que está a punto de estallar y para que se sostenga está sacrificando a todo el aparato productivo, de tal manera que pueda garantizar las crecientes tasas de ganancia de ese proceso especulativo, a través principalmente de los derivados financieros que han tenido un crecimiento casi geométrico (Ver gráfico 1) y que en estos momentos representa 40 veces el comercio mundial y que los principales bancos incorporados en este proceso son adictos a dichos derivados y que como dice Dennis Small : "los bancos ya no son bancos sino templos de especulación".

Un banco normal supuestamente emite crédito para la actividad industrial, aquí no. Aquí se emiten créditos para que el cáncer crezca. El Banco Chemical por ejemplo (grafico 2) sólo tiene activos de 170 mil millones de dólares, mientras que el monto total que tiene de derivados es de 3 billones de dólares. Entonces del Chemical está insolvente. Pero la ironía es que estos bancos luego, por ejemplo, llegan a México y a otros países deudores para decir "nos tiene que pagar, porque si no van a caer en la insolvencia". Más bien habría que decirles a ellos "pero la insolvencia es de ustedes; el problema lo tienen ustedes: ¡porque nos quieren cobrar la libra de carne de nuestro cuerpo, como Shylock, para ustedes mantener su cáncer".

Muchos se pueden preguntar, ¿Por qué está pasando esto? Es por dos razones; para entender la economía hay que tomar en cuenta dos aspectos del proceso: primero, el lado financiero como tal, o sea el crecimiento de la burbuja especulativa; y segundo, la economía física. Cuando hablamos de economía física nos referimos a la producción de bienes tangibles útiles para la reproducción física de la sociedad en su totalidad, es decir alimentos, energéticos, materias primas etc. todo medido en unidades físicas no en dólares. Si analizamos la economía física, por un lado, y el lado monetario de la burbuja especulativo por el otro, y vemos los dos procesos en combinación entonces podemos entender lo que está pasando.

Por ejemplo, si vemos la gráfica N° 4, podemos constatar el crecimiento mundial de los derivados financieros, la burbuja especulativa que en los últimos ocho años ha crecido a un promedio de 50 por ciento por año. No hay nada en todo el mundo que esté creciendo tan rápido como este cáncer financiero; sólo el narcotráfico está creciendo a un ritmo del 25 por ciento por año, pero nos indica mucho lo que está detrás de los derivados financieros. De hecho, el narcotráfico es uno de los pilares del sistema financiero internacional actual. Sin embargo, la producción física real en unidades físicas como toneladas per cápita a nivel mundial se ha desplomado. Por ejemplo, la producción de acero por hogar solo ha crecido 0.1 por ciento en los años 86-94, un estancamiento total. La situación es todavía peor con la producción de cereales per cápita, que ha caído 1.3 por ciento en el mismo periodo. Y claro si volvemos a la gráfica N°3, nos da una idea de lo que pasa con los bancos de Estados Unidos, que son los principales dueños de esos instrumentos. La curva superior indica el monto total de derivados en manos de los bancos estadounidenses, debajo de esa se ven los activos delos bancos, que constituyen menos de la cuarta parte del monto total, los préstamos de los bancos son todavía menores; y el capital existente es casi invisible en la gráfica, por ser tan pequeño. En pocas palabras los bancos de los Estados Unidos no tienen capital real, pero si un monto de especulación y derivados que están creciendo. Y para mantener es montaña de derivados le dices a los productores y otros que les deben dinero ¿sabes qué? Vamos a tener que cobrarles tasas de 100 por ciento, esa es una realidad internacional, que a lo mejor también empezaremos a ver por acá.

Adiciono esta presentación algunas gráficas del lado puramente financiero del proceso con el que el sistema financiero se convirtió en un garito especulativo y luego en una burbuja (ver la gráfica N° 5) e trata del crecimiento del eurodólar, que representa títulos financieros sobre activos, que, de hecho, están fuera de control de autoridad nacional alguna. En la (grafica N°6) presento el crecimiento de esa actividad a la que se llama por eufemismo "fusiones y adquisiciones", tan extendida en los 80s y hasta parte de esta década, que no es sino el desmantelamiento y liquidación de empresas y recursos productivos por medio de adquisiciones apalancadas en muchos casos hostiles y, por último, vemos la (gráfica N° 7) que representa el total de fondos reunidos para inversiones financieras en inmobiliarias, todo esto es producto de la especulación contra el decrecimiento a escala mundial de la economía física de bienes tangibles e infraestructura física.

LA ESTAFA DE LA PRIVATIZACIÓN

Es tan grave la necesidad de obtener liquidez, para sostener el moribundo sistema financiero, que quieren privatizar todo, empresas productivas, servicios, territorios, países etc. Que hace que este se comporte como un tumor canceroso que se alimenta de los tejidos sanos hasta destruirlos y con ello destruirse, y la única forma de conseguir reactivar la economía es la reorganización por quiebra del sistema financiero, para permitir desarrollar una economía física de manera sana, una economía productiva que tenga crecimiento permanente; pero mientras eso sucede estas fuerzas del llamado "Nuevo Orden Mundial", han diseñado mecanismos que apuntan hacia una recolonización. Con la economía fuera de control del estado, destruyendo las fuerzas armadas del patrimonio y principalmente apoderándose del patrimonio nacional usando las privatizaciones.

Este proceso de privatizaciones se inicia en 1984, en Vail, Colorado en la famosa reunión de los banqueros de Wall Street y sus agentes de influencia, entre los que se encontraban el tristemente célebre Henry Kissinger, analizaron minuciosamente sus relaciones financieras con el Tercer Mundo, simplemente concluyeron que las naciones en vías de desarrollo técnicamente no podían pagar sus deudas, ya que, por la presión usurera impuesta por estos mismos bancos, socavaban la misma capacidad de producir riqueza de las naciones, como efecto de las medidas adoptadas por Paul Volcker, se podía percibir el desmesurado crecimiento de la deuda externa, especialmente de Iberoamérica.

El efecto combinado de la privatización de las tasas de interés y por lo tanto la flotación de las tasas de interés prevalecientes, el deterioro de los términos de intercambio y la fuga de capitales, convirtió el problema de la deuda externa en el problema crítico de nuestras naciones hasta la fecha.

Por ejemplo, en 1980 la deuda externa total de Iberoamérica era de 240 mil millones de dólares, durante la década Iberoamérica pagó 330 mil millones de dólares sin embargo para el año 1990 Iberoamérica debía 440 mil millones de dólares, una extraña aritmética de los banqueros (240-330=440). Mucha gente cree que estamos endeudados, porque los funcionarios se robaron el dinero, pero no se imaginan que esos robos en nada se comparan con la usura de la banca privada internacional, es el robo mayor.

Ante la inminente crisis de la deuda en esta reunión de Vail los banqueros decidieron plantear el canje de deudas por activos y pasamos a llamar la privatización.

Claro la argucia que se usó el supuesto del criterio administrativo de la eficiencia, es decir el estado es un pésimo administrador, y por otro que son tan corruptos los funcionarios, que no puede dejarse que manejen las empresas sean de producción, servicios o de cualquier otro tipo. Por lo promueven sobre lavase de esos argumentos deshacernos del Patrimonio nacional.

Es bueno recordar que muchas de las empresas que tienen a han tenido los estados de Iberoamérica, no son producto de sus intervenciones cuando el sector privado las ha puesto en bancarrota o en condiciones especiales, como el caso de la República Dominicana, que cuando cayó el régimen de Trujillo, sus empresas pasaron al poder del estado, el estado dominicano nunca decidió si debió hacer una fábrica de clavos, simplemente la recibió.

Igual que otros países como Panamá, Estados Unidos, Venezuela, México en la que algunas empresas las tuvieron que intervenir porque el sector privado las dejó en ruinas, y no estoy en contra del sector privado, cito estos ejemplos:

a). Air Panamá, empresa privada que fue llevada la ruina por los empresarios privados que la manejaron, y para evitar que pierda sus rutas, y esta compañía tenía tres excelentes rutas: Estado Unidos, México y Perú, cuando uno tiene las rutas hasta puede alquilar aviones, el estado tuvo que intervenir, luego volvieron a privatizarla y como ocurrió la primera vez, nuevamente entró en bancarrota y otra vez tuvo que intervenir el estado para que no perdieran la ruta, al final vendieron las rutas.

b). AMTRAK, los ferrocarriles norteamericanos eran propiedad de "New York Central" y "Pensilvania Railroad", pero en lugar de explotar sus actividades se dedicaron a especular y se fueron a la ruina, el estado norteamericano nunca quiso manejar ferrocarriles, pero después de la crisis de estas empresas tuvo que crear AMTRAK para evitar la parálisis total.

c). Los Bancos de Ahorros y Préstamos, también en Estado Unidos, que en los ochentas estaban en bancarrota, el estado otra vez tuvo que intervenir y luego volver a privatizarlo, y muchos de sus banqueros han sido reincidentes y los han vuelto a quebrar.

d). El Sistema bancario venezolano, que con los hermanos Cisneros a la cabeza desfalcaron el sistema financiero y el estado tuvo que intervenir para evitar el colapso total, entregando casi el 50% del presupuesto para evitar un caos mayor, otra vez está en vías de privatización.

e). El Sistema bancario mexicano, que fue estatizado por razones de seguridad económica por el gobierno de José López Portillo, pero ahora durante el gobierno infausto de Carlos Salinas de Gortari, volvieron a privatizarse y el día de hoy otra vez están en bancarrota.

En fin, podríamos poner otros ejemplos, en que el estado nunca quiso intervenir, pero obligado por el interés nacional o el bien común tuvo que hacerlo, cuando esto sucede los privatizadores se meten la lengua bien acurrucadita otra vez en la boca.

Pero como se habla tanto del éxito de las privatizaciones, veamos algunos casos de su "eficiencia":

a). Aero Perú, empresa estatal peruana, se vende a Aero México, una empresa en bancarrota, implementando una política de cielos abiertos, que desregula totalmente el sistema de transporte aéreo, en su último accidente la prensa internacional informó que tenía cinta pegante en los controles electrónicos, descuidos de mantenimiento, pero se sabía que esta línea y otras que existen en Perú, tenía un record de atrasos de salidas, regresos abortando vuelos etc. Se sabe en Lima que algunos aviones a pesar de las quejas de pilotos y azafatas vuelan hasta sin caja negra.

b). Aerolíneas Argentinas, empresa vendida a la empresa estatal española IBERIA que después de canibalizar los haberes de Aerolíneas Argentinas, exige al gobierno de Carlos Saúl Menem la entrega de 50 millones de dólares para que no se paralice, en estos dos casos uno se pregunta ¿y qué es lo que invirtieron?

c). Compañía Telefónica Peruana, empresa vendida a la Compañía de Teléfonos española, cual es el resultado inmediato, que la tarifa telefónica peruana es una de las más caras del mundo, los empresarios españoles ya deben haber recuperado Carlos Montoya viniendo por acá a hablarnos de este éxito.

d). Compañía de Electricidad de Buenos Aires, Argentina, vendida y privatizada a una empresa chilena, la ciudad no pagó y hasta el aeropuerto de Ezeiza se quedó sin energía. Queda al descubierto que por lo general no hay inversión o son tan por debajo de su valor que en lugar de llamarla privatizaciones las llamaría "piratizaciones".

Pero no obstante esto, se sigue inventando formas de extraer la liquidez para seguir sosteniendo el desfalleciente sistema financiero:

1). Privatización de los Fondos de Pensiones: Chile fue el experimento crucial, neutralizaron a los sindicatos, y José Piñera como arquitecto de todo esto logró quitarles 25 mil millones de dólares a los trabajadores chilenos, para obligarlos a ponerlos en las empresas llamadas Administradoras de Fondos de Pensiones (AFP), y estas empresas pueden colocar estos fondos en bolsas nacionales o internacionales, nada más para que sepan la magnitud del problema, en el mes de septiembre de 1995, se hicieron humo 1,500 millones de dólares de los trabajadores chilenos. Dicho sea de paso, ya el modelo funciona en Argentina, Perú y hace dos días se aprobó en Bolivia, al compás de grandes protestas de los trabajadores. El caso peruano también es sintomático, Carlos Bologna ex ministro de economía peruano, fue el que implementó este sistema, y lo que hizo fue crear su propia AFP, éste señor que ha venido por acá también a dar sus consejos al gobierno dominicano, está sometido por los trabajadores peruanos por saquearles sus fondos de pensiones. José Piñera ahora a través del Instituto Cato de Estados Unidos recorre el mundo para señalar las grandes ventajas de este proceso, claro todavía hay mucho dinero que saquear.

Pero el área de privatización es amplia y diversa, por ejemplo, en México se han privatizado las carreteras, con peajes altísimos, ya en México existen barrios exclusivos a los que no se puede llegar a pesar que puedan ser mexicanos libres.

Pero esto no es nada cuando abierta y cínicamente Robert Whelan, director asistente de la sección salud y bienestar del Instituto of Economics Affairs, principal órgano de la Sociedad Mont Pellerín en Inglaterra. En un artículo publicado el pasado septiembre en la revista IEA ("Economics Affairs") Whelan propone privatizar totalmente a los países africanos y vendérselos en masa a compañías multinacionales. Whelan dice que la única forma de gobernar a los países africanos es siguiendo los ejemplo "estelares" de la

Compañía Británica de las Indias Orientales, o la Royal Niger Company, la Imperial East África Company y a British South África Company del racista Cecil Rodhes. Es decir, está proponiendo arrasar con todo vestigio de nación, incluso con la figura del Virrey imperial, y regresar al tiempo en que el imperialismo británico manejaba las naciones como simples factorías a cargo de su gente, ¿A Qué les recuerda esto?, déjenme decirles, a colonialismo, mejor dicho, recolonización a escala mundial.

Amigos que me escuchan, si queremos hablar de desarrollo, en un ambiente que la población crece como proceso natural, debemos saber organizar como satisfacer las crecientes necesidades de alimentación, vivienda, salud, educación, transporte, vestido etc. cualquier gobierno comprometido con su pueblo debe crear o aumentar nuevas unidades productivas o de servicios esenciales a esta; más fábricas, más hospitales, más colegios, más universidades, más plantas energéticas, más carreteras, pero, de ninguna manera a deshacernos de lo poco que tenemos ,por meros asuntos secundarios de mala administración y falta de controles, esa posición no es coherente con una verdadera economía política que se oriente al desarrollo, ni una necesidad nacional perentoria, sino que es una necesidad urgente de las instancias acreedoras internacionales forzar en el periodo más corto posible para conseguir el control económico y político de cada estado nacional ante la inminente quiebra del sistema financiero internacional, y que ellos puedan quedar en control colonial de estas. Los gobiernos de Iberoamérica lo mejor que pueden hacer es esperar este colapso, saber tener paciencia, la Santa Biblia nos da un ejemplo, cuando Esaú vendió su primogenitura Jacob, por un plato de lentejas. Por una ventaja aparente, pero queda sierva esa generación, la siguiente y la siguiente, no nos vaya pasar lo mismo (Génesis 25: 27: 28:29:31, 32, 33,)

Además, si nos miramos en los ejemplos de Argentina, México, Perú, Chile etc. sería poco tacto político embarcarse en un proyecto que ha fracasado.

LA INDUSTRIA AZUCARERA DOMINICANA

Si no entendemos la situación estratégica mundial, no podemos entender en su total magnitud lo que debemos hacer con el Consejo Estatal del Azúcar

(CEA) y menos aún fijar objetivos que no se corresponde con esa realidad, creo en principio que merece un cambio de nombre necesario a Consejo Estatal de la Caña (CEC).

En el año 1980el doctor Robert Yost, embajador norteamericano en la República Dominicana, en una conferencia en la Cámara Americana de Comercio decía con suma claridad, que el país tenía que pensar seriamente en nuevas alternativas para la industria de la caña, ya que llegara un momento que simplemente su país no importaría más azúcar. Entre las razones que exponía el embajador y que para todos era evidente, la incorporación en el mercado de edulcorantes de dos nuevos productos: el jarabe de maíz rico en fructuosa (JMRF) y el sintético aspárteme; principalmente el primero iniciaba aceleradamente su ingreso tanto en el mercado norteamericano (Estados Unidos y Canadá) como también el mercado japonés, actuando principalmente como sustituto del azúcar de caña; agregado también al hecho del proteccionismo otorgado a los productores cañeros norteamericanos que han ido incrementando su producción.

Desde que aquél embajador dio esas declaraciones, no se pudo apreciar, ni en los gobiernos de turno, ni en los partidos que los sustentaron, la más mínima preocupación por esa advertencia, es más, se tomaron decisiones contrarias al interés nacional. Ni siquiera los líderes de oposición, con la excepción de Juan Bosch, que fue de los pocos que presentó propuestas pro desarrollo para dicha industria de la caña, con un programa de diversificación interesante, claro muy diferente a su propuesta de privatización del Consejo Estatal del Azúcar de la campaña electoral de 1990.

El liderato nacional de ese momento, en lugar de crear nuevas alternativas de producción prefirieron desmontar la industria azucarera, echando por la borda las centenarias inversiones y experiencia de trabajo en ese rubro, como si lo único que se produjera con la caña fuese azúcar, con esa mentalidad se echó abajo el rumbo de progreso que tenía que haber tomado la industria de la caña.

Las tierras especializadas en caña, se cambiaron a la producción de piñas, naranjas etc. sin evaluar adecuadamente las consecuencias, es como si después de haber años mejorando la ganadería, de un momento a otro se decidieran a sacrificar los padrotes para cambiar a otro rubro de producción. Todavía no está lista la evaluación de estos daños, pero no cabe duda que como estamos viendo son pérdidas de valores inconmensurables.

Si nos damos cuenta, ya nos han reducido el 80% de la exportación para el mercado norteamericano, si no acordamos que en un momento mandamos hasta un millón de toneladas.

Lo natural en este proceso tendría que haber sido buscar nuevas tecnologías para desarrollar los grandes complejos sucro-químicos, cuyos proyectos están inventariados en el CEA, para un desarrollo de amplias posibilidades de la industria cañera, de la que hoy estaríamos hablando de sus resultados esperados: incremento de la mano de obra especializada, diversificación de la producción, incorporación de ingentes recursos naturales para su uso de la integración horizontal y vertical de estos complejos, mejora tecnológica inmediata, especialización de los ingenieros y profesionales a nivel del primer mundo, reactivación económica al crecer el motor de la economía dominicana.

Sin embargo, se prefirió desde ese tiempo, cerrar ingenios, despedir gente, entregar tierras a cambio de deuda externa, arrendar tierras para sembríos de frutas, en estos ya no existe la Dole en esos sitios, supongo que también perdimos, ante eso hoy suenan las voces privatizadoras que lo quieren todo.

Si nos dejamos llevar por los criterios expuestos por los actuales evaluadores tendríamos no solo que cerrar el CEA sino venderla a precios vil. En las actuales circunstancias de la empresa está controlada por los carteles alimenticios cuando se habla de comercialización, Cargill, Continental Grains, Archer Daniel Midland. Luis Dreyffus, etc., o alguna subsidiara de estos, que son los que realizan y tienen el control de las compras, son virtuales monopsonios independientemente de los contratos 10 y 11 de las Bolsas de Londres o Nueva York.

Estos cárteles alimenticios, para su información controlan el 57% de la producción de alimentos, tienen el control casi total de la distribución como silos, puertos, ferrocarriles, barcos, furgones, etc., y además controlan casi el

85% de la comercialización, están casi listos para decidir quién come y quien no come.

El CEA debe volver a ser la entidad bendita de la economía dominicana con un modelo de diversificación, ampliación y modernización tecnológica para adquirir competencia mundial, no solo en azúcar sino en productos de mayor valor agregado y de grandes demandas en el mercado mundial.

Tal vez esto nos pueda ayudar a completar estudios más sistemáticos de cómo sería este proceso. Todo es posible para lograr esto, menos, desprendernos de nuestro patrimonio. Gracias

EL LIBRE COMERCIO: UNA ABERRACIÓN ECONÓMICA

(*) 1996

Pensar que el libre comercio seria la panacea de nuestras naciones, no sólo es un error conceptual sino es ignorancia total en materia económica, no solo por lo que está pasando hoy en día sino porque existen más de 200 años de experiencia que demuestran lo contrario. Siempre el libre comercio ha estado ligado a políticas económicas imperiales, como lo demuestra por ejemplo Gran Bretaña y el colonialismo británico y que la respuesta más contundente en contra de esta corriente la dio en ese momento (1776) la naciente república norteamericana. Las bases conceptuales de la revolución americana, nace no solo de la aversión hacia la idea oligárquica de los padres fundadores y su modelo económico del libre comercio que representaba Gran Bretaña, sino que planteaban otras ideas de desarrollo económico basado en darle las mejore condiciones de protección a su producción nacional hasta ponerlas en condiciones de competir con cualquier nación en el mundo, esa es la base del trabajo de Alexander Hamilton y de todos lo que en otros períodos continuaron con esta tradición del "sistema americano de economía" y que ahora representa Lyndon H. LaRouche.

Hacerse la economía más poderosa del mundo, no fue basándose en el libre comercio, sino en las ideas expresadas en los escritos de Hamilton, cuando Estados Unidos, desviaron esa ruta, solo defendieron las ideas colonialistas de Gran Bretaña y rompieron la tradición de la doctrina Monroe, para aplicar el "corolario Roosevelt", éstos últimos 25 años la economía norteamericana ha tenido un decrecimiento del 2% anual, incrementándose rápidamente el deterioro del nivel de vida de los ciudadanos de ese gran país a niveles que como lo informa la revista "Executive Intelligence Review", se necesitan 6 trabajos para conseguir los mismo ingresos de un solo trabajo de la década del 60, en los momentos actuales. Durante este periodo de 25 años, y después del asesinato del Presidente Kennedy, h dominado a la clase dirigente norteamericana el paradigma de la desindustrialización promovida por los fascistas de las llamadas corrientes "postindustrialistas", desde un John Dewey en la educación con su pragmatismo embrutecedor, hasta personajes como Herbert Marcuse y toda la "Escuela de Fráncfort" como ideólogos de la llamada "Nueva izquierda" con su visión anti tecnológica y ecologista, que fue el caldo de cultivo necesario para crear el ambientismo o el ecologismo radical que hoy capitanea el Príncipe Felipe a través de "Greenpeace". Todos son propiedad de la oligarquía usurera que condujo ahora al librecomercio como modelo en el proceso que crearon de la globalización.

Deliberadamente, estos grupos han tratado de minimizar a los economistas que, como Hamilton, Henry y Mathew Carey, List, Peshine Smith y ahora LaRouche; los primeros demostraron que eran capaces de hacer que las naciones se volvieran desarrolladas, y LaRouche ha precisado la factibilidad de reconstruir la economía mundial de las condiciones de desintegración que hoy se encuentra a niveles hasta ahora no imaginados sobre la base del incremento de la densidad relativa potencial de población y la densidad energética, hablar de economía física en términos de LaRouche, es elevar a la condición de ciencia a la hace poco ideología de la economía.

Por ejemplo, las políticas económicas de Hamilton sustentadas en el proteccionismo, presentadas tanto en el "Informe sobre el asunto de las manufacturas" o el también famoso" Informe sobre la banca nacional" hacen posible el cambio en los Estados Unidos desde una excolonia hasta convertirla en la primera potencia económica mundial, a pesar, que, en muchos periodos de la historia de esta nación del norte, su liderato estuvo comprometido con los intereses coloniales de Gran Bretaña, que han sido los periodos más pérfidos en las relaciones con Iberoamérica ("Teddy" Roosevelt, Ronald Reagan, George Bush etc.) , pero el sustento crucial en el papel de la república norteamericana está presente en su carta magna que logra la conjunción entre la ley positiva y la ley natural que se refleja en los derechos inalienables del hombre, es decir que son coherentes con construir el bien y lograr la felicidad de sus ciudadanos.

Pero si solo se tratara del caso norteamericano como el único que por enfrentar el libre comercio logra un venturoso desarrollo, talvez nuestros argumentos podrían ser cuestionados, pero otras experiencias como Colbert en Francia, Federico List en Alemania, la influencia de Peshine Smith y la revolución Meiji en Japón, que trasforma esa nación desde finales del siglo pasado, que además produce el fenómeno no tan estudiado del desarrollo productivo de una nación, que carece de casi todas las materias primas básicas para su desarrollo productivo; sin recordar la siquiera las bases de desarrollo de Taiwán sustentados en la idas básicas del Dr. Sut Yan se y el Kuomintang, en Iberoamérica también enconamos esa mentalidad como el caso de Carlos de Olaguibel y Francisco Antuñano en México, Carlos Pellegrini en Argentina del siglo pasado, Balmaceda en Chile, José Núñez en Colombia, José Pardo en Perú, todos enfrentaron de una u otra manera el librecambio británico, claro faltan muchos más´, pero solo quiero dar una idea del poder de esta redes que en palabras de LaRouche, tienen la tradición leibniziana que se plasma en el concepto moderno de la economía física.

El libre comercio solo es libre para los grandes y poderosos, pero esclavitud para las naciones más débiles como las nuestras, en su nombre se están sometiendo a naciones enteras, el viejo sueño británico no se ha parado, la idea de la gran metrópoli productora está en espera de hacerse realidad pronto, y por lo que podemos ver sectores enteros dentro de las propias naciones harán realidad esa dictadura en contra misma de la humanidad. La ventura del desarrollo económico de las hoy llamadas naciones industrializadas solo se debió al uso de métodos proteccionistas (aranceles, tecnología, créditos etc.) son el reflejo de 200 años de historia económica, sin embargo, se implementó un modelo que contradice totalmente este viejo y eficiente método, que se pretende presentar como algo nuevo y el libre comercio colonial de hace 200 años.

Inclusive políticos, otrora defensores de la liberación nacional, pragmáticamente ahora propugnan por la esclavización nacional igual a políticos llamados izquierdistas comunistas ahora apoyan no solo el libre comercio sino la destrucción de las fuerzas armadas, las intervenciones armadas como las que se hicieron en Haití, el ecologismo etc. Es decir que estas fuerzas que se llaman así mismo progresistas, hoy están de lado de las elites oligárquicas, cómplices del llamado Nuevo Orden Mundial, esto se puede sintetizar en las declaraciones dadas por el ex guerrillero venezolano Teodoro Petkof, hoy ministro de planificación de Venezuela "los únicos que tenemos credibilidad para implementar la medidas económicas de apertura somos los izquierdistas" es urgente entender la forma como se está manejando este proceso económico internacional que ya está destruyendo naciones enteras.

En este proceso de liberalización económica, bajar los aranceles para aumentar los impuestos al consumo, significa que los pobladores o consumidores serán los que subsidien las importaciones, que no solo las pagaran dos veces que ayudaran a destruir la incipiente industria nacional, y cuando estas queden destruidas harán lo que quieren con nosotros, ya en este periodo han cerrado muchas empresas productivas, hay que acordarnos que el papel de los aranceles son de proteger la producción y ser fuente de ingresos del estado. Pero para romper este criterio los neoliberales les hablan de una supuesta sobreprotección que no se compadece con la realidad. Es correcto que se pueden hacer revisiones sobre algunos productos, principalmente los que no se producen en el país como sería el caso especial de bienes de capital o insumos de producción y hasta algunos productos estratégicos como los vinculados a la defensa nacional o de emergencia o para cualquier situación especial que enfrente el país, pero cuando vemos que esta reducción solo sirve para aumentar las importaciones de bienes de consumo como parece que sería si debe preocuparnos, porqué toda la reforma arancelaria se estaría basando en factores exclusivamente de cambio o mercado que no solo es incorrecto sino totalmente perjudicial.

Y cuando lo productores nacionales no pueden mejorar sus sistemas de producción a la misma velocidad que la apertura económica empezarán inmediatamente a sufrir los efectos que los hará cerrar sus plantas irremediablemente, afectando directamente a los demandantes al reducir su capacidad productiva como está ocurriendo a nivel mundial.

La apertura económica solo se justifica como forma de control de nuestra economía por arte de los grupos oligárquicos que controlan las finanzas internacionales.

Al día de hoy el libre comercio no puede mostrar nada favorable, de hecho, las naciones pobres con indicadores económicos inferiores con los de cualquier país industrializado, solo puede actuar en libre comercio con naciones de su misma categoría, salvo que quiera suicidarse, es como querer enfrentar a dos boxeadores de distintas categorías, por ejemplo, poner a Mike Tyson de la categoría peso pesado a pelear con Mano de Piedra Durand, que no solo es de menor categoría sino mucho más viejo. La forma como se desarrolla el hombre desde que nace y crece, es muy semejante al que tiene el sector productivo, que nace y crece hasta ponerse en competencia mundial es decir que el gobierno puede ayudarlo a que crezca facilitándole la mejor tecnología y sistemas crediticios adecuados para que pueda ponerse en competencia mundial y en la misma categoría como lo harían los boxeadores; muy distinto a venir y de buenas a primeras decir que como tenemos que ser competitivos, simplemente bajamos los aranceles, ese comportamiento es estúpido porque nos enfrenta con alguien más poderoso y mejor preparado que nosotros, si esto se impone no pasará mucho tiempo para ver los resultados.

No hay un solo país que hasta el día de hoy hay tenido gran desarrollo con el libre comercio, ni siquiera su principal promotor histórico Gran Bretaña, que si se ha aprovechado en nombre del libre comercio para imponer un proceso imperial de satrapía colonial y que por lo visto con su músculo Estados Unidos quieren volver a repetir hoy en día.

La globalización del libre comercio ha producido una concentración y centralización de capital como den ningún otro momento de la historia, por ejemplo, en México los resultados prácticos del libre comercio son que por un lado cinco mexicanos están en la lista de los 15 billonarios de la revista "Forbes", estos cinco mexicanos han llegado a ese nivel aplastando con el éxito del librecomercio a 75 millones de mexicanos que viven con 43 centavos de dólar diario, puedo poner más ejemplos pero esto es conmovedor.

Ir directo al librecomercio es un costoso error histórico de inconmensurables consecuencias y seguir este costoso error histórico es ir hasta en contra de los propios fundamentos de la ley natural y que Juan Pablo II lo sigue recalcando cada vez que pueda, hagamos lo propio siguiendo su mensaje.

ANEXO 1

¿Qué SON LOS DERIVADÓS FINANCIEROS? (*)

LOS DERIVADOS: el aire caliente de la burbuja

¿Qué son los derivados financieros? La definición de un derivado financiero que dan los libros de texto dice que es un instrumento financiero cuyo valor se basa en el valor o los valores de uno o más activos o índice de activos.

Los derivados se pueden basar en valores (acciones), deuda (bonos y pagarés), monedas e índices de varias cosas, como el promedio Dow Jones. Los derivados se pueden vender y comerciar en una bolsa regulada, como la

Lonja de Chicago, o directamente entre las varias contrapartes, lo que se conoce como ventas de "mostrador". Según los libros de texto, el propósito de los derivados es ayudar a reducir el riesgo inherente a las fluctuaciones de los tipos de cambio, los intereses y los precios de mercado.

Hace más o menos una generación, el asunto de que son los derivados se hubiera resumido adecuadamente poniendo de relieve la diferencia entre inversión, por un lado, y apuestas o especulación, por el otro.

Los instrumentos en que se basan los derivados -acciones, bonos, monedas, bienes- representan un título, generalmente de propiedad, sobre cierta riqueza producida en la economía. Dichos títulos pueden comprarse. Así, las acciones de una compañía se pueden comprar, al igual que los bonos emitidos por gobiernos o compañías, o los bienes tangibles producidos por la agricultura, la silvicultura, la industria o la minería.

Dichos instrumentos ofrecen un medio con el que la riqueza producida se pueda convertir en dinero. En el caso de las acciones, esto puede tomar la forma de pago de dividendos –la parte de las ganancias que queden después de pagar los impuestos y que se distribuye a los accionistas- o de ganancias que se expresan en el aumento de valor de las acciones. En otros tiempos, esa monetización o posible monetización hubiera estado más o menos directamente relacionada con el desempeño económico de la compañía, con su contribución a aumentar el ritmo general de generación de riqueza por medio de aumentos de la capacidad productiva del trabajo. Del mismo modo se relacionaban los bonos con la actividad económica, aunque las acciones representan propiedad, los bonos representan endeudamiento. El interés que estos pagan corresponde, más o menos, a los dividendos que rinden las acciones. Y, como las acciones, los bonos pueden producir valuación del capital.

Las compras de acciones y bonos se hubieran considerado otrora como inversiones a largo plazo. El tráfico de mercancías no se hubiera considerado inversión, sino compraventa.

Con lo que se llama ahora derivados, pasamos de la inversión y de la compraventa de bienes tangibles a la especulación sobre el precio futuro o los rendimientos de lo que una vez fueron inversiones y transacciones relativamente sencillas y económicamente necesarias.

Todos los derivados son, en realidad variaciones del comercio a futuro, y, por más que algunos digan lo contrario, todo el comercio a futuro es, inherentemente, especulación o juego de apuesta. Por eso, hasta fines de 1989 todo el comercio a futuro, de cualquier tipo estaba proscrito en Alemania, de acuerdo con las leyes de apuestas del país. Tales actividades no se consideraban parte legítima de la actividad mercantil.

Hay dos tipos de comercio a futuro: cada uno se puede aplicar a los diferentes instrumentos que, como acciones y bonos, comprados directamente con dinero en efectivo, monetizan lo que antes eran ganancias después del pago de impuestos. El primer tipo se aleja otro paso de la actividad económica como tal. Esto es comercio a futuro: el compromiso de comprar o vender en una fecha futura a un precio ya negociado. Lo normal ha sido suponer que las mercancías cambian de mano por dinero cuando se llega a la fecha del contrato.

La otra clase de comercio a futuro es lo que llama opción, y se aleja otro paso más de la actividad económica real. Lo que se vende o se compra en este caso es el derecho, pero no la obligación, a comprar o vender una mercancía, acción, bono o moneda a cierto precio futuro en la fecha que se fije. Todavía más lejos se va con lo que se llama índice. Esto no es el derecho a comprar una mercancía o un instrumento financiero en el futuro, sino una apuesta al movimiento futuro de un índice basado en una canasta de acciones, mercancías, bonos o lo que sea.

Otros derivados, en los que se apuesta a los movimientos de los tipos de interés o de cambio, están todavía más lejos de la producción de riqueza real en la economía.

(*) "El noveno pronóstico de LaRouche – La desintegración venidera de los mercados financieros" 1994.

ANEXO 2

SCHUBERT Y LA GLOBALIZACIÓN

El ex ministro de Planificación de Brasil, Delfín Netto, un monetarista ortodoxo que en las últimas fechas ha comenzado a decir algunas cosas racionales, escribe un artículo en la "Gazeta Mercantil" en la que ataca a los nuevos "científicos" de la economía que han "descubierto" que el progreso económico y más empleos son enemigos de la estabilidad interna y externa.

Netto, que ahora es congresista cuenta la historia de un autor anónimo, sobre uno de esos "expertos en productividad para la globalización" a quien su jefe le regaló dos boletos para la interpretación de la sinfonía "Inconclusa" de Schubert. Al día siguiente el experto le envió a su jefe un memorando para agradecer a su jefe el obsequio, pero, con las siguientes observaciones:

"1. Hay periodos muy largos en que los cuatro oboístas no hacen nada. Su número debería reducirse de inmediato y redistribuir su trabajo entre el resto de la orquesta, así se eliminarían momentos de concentración de la actividad, así como el exceso de personal.

2. 12 violines tocan notas idénticas. Esto me parece una duplicación innecesaria, y el número de personas en esta sección debería reducirse tajantemente. Si se trata de volumen, esto se puede conseguir fácilmente con un amplificador electrónico.

3. Se desperdician demasiado esfuerzo y concentración al tocar negras, octavas y dieciseisavos. Me parece que es un refinamiento innecesario, desde el punto de vista de la rentabilidad. Recomendaría que se redondeen todas las notas para completar la nota de valor mayor inmediata...que se haya hecho esto, sugiero que el departamento de personal contrate estudiantes o músicos menos especializados, que ciertamente, aceptarán cobrar menos que los músicos actuales.

4. No encuentro la finalidad práctica de tener instrumentos de viento que repitan los pasajes que y tocaron las cuerdas. Esto es una clara muestra de duplicación de funciones.

5. Si se hubieran eliminado todos esos pasajes redundantes el concierto se hubiera reducido a unos veinte minutos ". El autor apócrifo concluye: "Si Schubert hubiera puesto más atención a estos asuntos que he mencionado, sin lugar a dudas hubiera terminado su obra y tendríamos la "Sinfonía conclusa".

Delfín Netto añade. "que afortunados son los países que progresaron antes que los "nouveaux economists" demostraron que es imposible.

Grafica N#1

Crecimiento mundial de los derivados financieros, 1986–94

(monto nocional principal en circulación al final del año, billones de dólares)

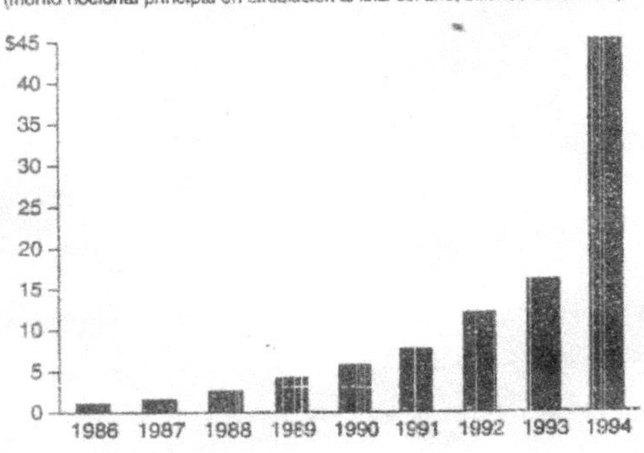

Fuente: Banco de Pagos Internacionales.

Gráfica N#2

Ya no son bancos

(billones de dólares)

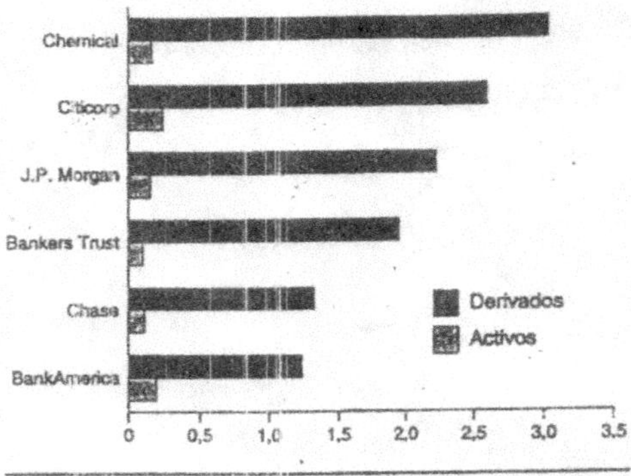

Fuentes: Informes anuales de los bancos.

Gráfica N#3

Los bancos de los EU: adictos a los derivados

(billones de dólares)

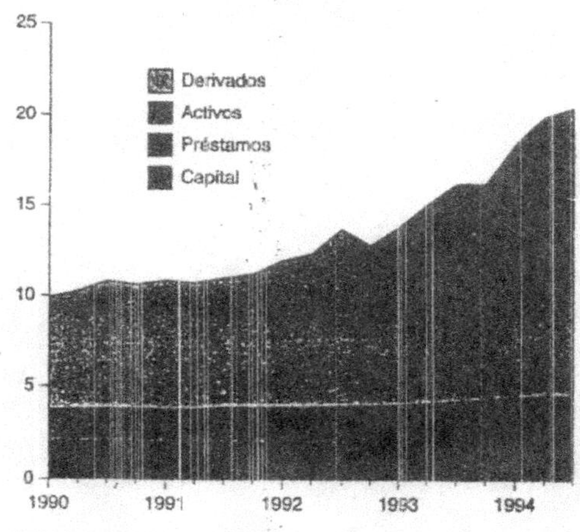

Fuente: Corporación Federal Aseguradora de Depósitos.

Gráfica N# 5

Gráfica N# 4

Crecimiento del mercado del eurodólar, 1965–90

(billones de dólares)

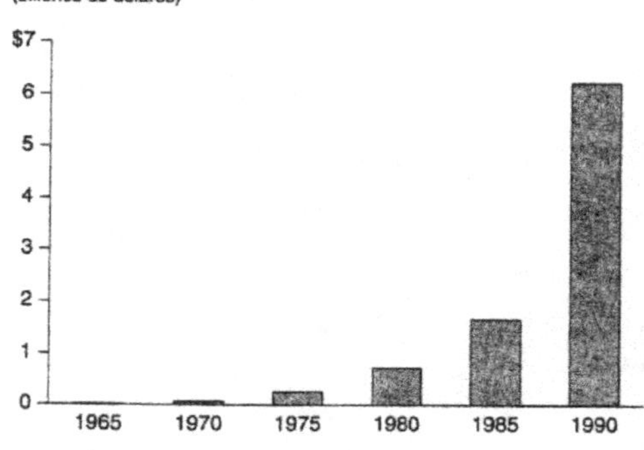

Fuente: Fondo Monetario Internacional, *International Financial Statistics.*

Ritmos de crecimiento mundial, 1986-94

(promedio anual)

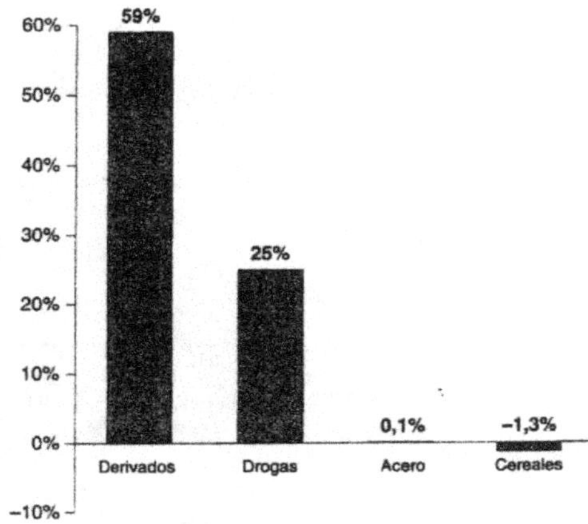

Fuentes: Departamento de Agricultura y Departamento de Comercio (EU), EIR.

Gráfica N# 6

Dinero en fusiones y adquisiciones en los EU, 1960–93

(valor de los fondos involucrados en negocios de todo tipo, en miles de millones de dólares)

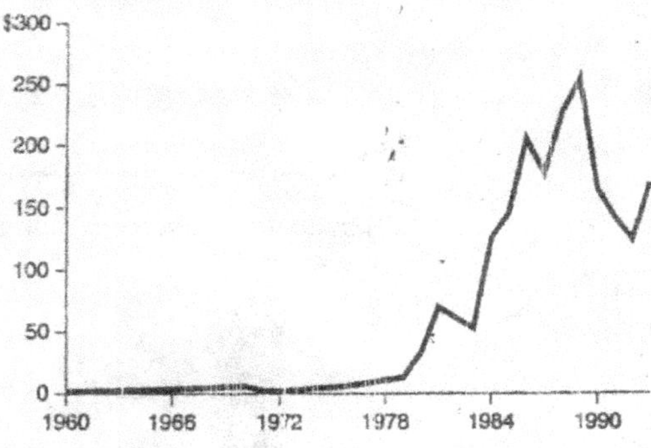

Fuentes: Oficina del Censo de los EU, *Statistical Abstract of the United States*, 1989-93; Mergers and Acquisitions Publishing Co.

Gráfica N# 7

Financiamiento nuevo para inversiones financieras e inmobiliarias, 1948–93

(miles de millones de dólares)

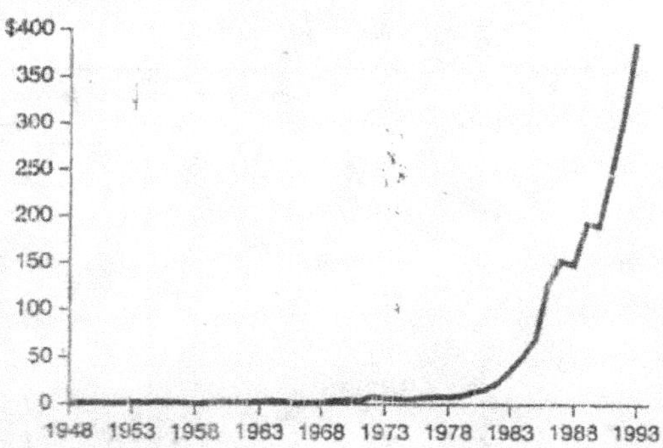

Fuentes: Reserva Federal de los Estados Unidos, boletines.